사업하기 전에 세무부터 공부해라

> 이 책은 2022년 세법을 기준으로 했습니다. 2023년부터는 매년 달라지는 세법을 정리해 지와수 블러그(http://jiandsoobook.co.kr) 〈자료창고〉에 올립니다. 세법은 매년 2월에 개정된 내용을 발표하기 때문에 보통 3월 말에서 4월 초에 지와수 블러그를 방문하시면 개정된 내용을 만나볼 수 있습니다.

사업하기 전에 세무부터 공부해라 전면 개정판
ⓒ김진 2022

초판 1쇄 발행 : 2014년 3월 20일
7차 개정판 발행 : 2021년 3월 17일
전면 개정판 발행 : 2022년 5월 10일

지은이 : 김　진
펴낸이 : 유혜규
디자인 : 김연옥

펴낸곳 : 지와수
주소 : 서울 서초구 잠원동 35-29 대광빌딩 302호
전화 : 02-584-8489 팩스 : 0505-115-8489
전자우편 : nasanaha@naver.com
출판등록 : 2002-383호
지와수 블로그 : http://jiandsoobook.co.kr

ISBN : 978-89-97947-31-7 13320

* 책 값은 뒤표지에 있습니다.
* 잘못된 책은 바꿔드립니다.
* 이 책의 전부 또는 일부 내용을 재사용하려면 반드시 사전에
  저작권자와 지와수 양측의 서면 동의를 받아야 합니다.

사업하기 전에 세무부터 공부해라

김 진 지음

초보사장을 위한 세금신고 달력

공동일정:
- 매월 10일은 원천징수분 법인세, 소득세, 지방소득세 납부
- 매달 말일은 일용근로소득 지급명세서, 간이지급명세서(근로소득, 거주지의 사업소득) 제출

*마감일은 그 날이 공휴일인 경우 공휴일이 끝난 다음날로 연장

1월
- **10일**: 소규모 사업자 등 원천세 반기별 납부
- **25일**: 2기 부가가치세 확정신고 납부(일반과세자는 지난해 2기(7~12월) 실적, 법인사업자는 지난해 4분기 및 3분기 누락 실적, 간이과세자는 지난 1년 실적)

2월
- **10일**: 부가가치세 면세사업자 사업장 현황신고
- **28일**: 이자소득, 배당소득, 기타소득 지급명세서 제출(지난해)

3월
- **10일**: 근로소득, 원천징수대상 사업소득, 퇴직소득, 기타소득 중 종교인소득 지급명세서 제출
  건강보험 보수총액(지난해 귀속) 건강보험관리공단에 신고
- **15일**: 고용, 산재보험 보수 총액(지난해 귀속) 근로복지공단에 신고
- **31일**: 12월 말 결산법인 법인세 신고 납부

4월
- **25일**: 1분기 부가가치세 예정신고 납부
- **30일**: 성실신고확인대상 법인세 신고 납부
  법인세분 지방소득세 신고, 납부

5월	31일 : 종합소득세 확정신고 납부
6월	30일 : 성실신고확인대상 개인사업자 종합소득세 확정신고 납부 지난해 신규로 복식부기의무대상이 된 개인사업자 및 프리랜서 홈택스에 사업용 계좌 신고 7월부터 원천세 반기 신고하려는 소규모 사업자 원천세 반기별 납부승인서 제출
7월	10일 : 소규모 사업자 등 원천세 반기별 납부 25일 : 1기 부가가치세 확정신고 납부(일반과세자는 1기(1~6월) 실적, 법인사업자는 2분기 및 1분기 누락 실적)
8월	31일 : 법인세 중간예납신고납부
9월	**1매월 공동 일정만 있음**(10일, 30일)
10월	25일 : 2기 부가가치세 예정신고 납부
11월	30일 : 종합소득세 중간 예납
12월	31일 : 원천세 반기별 납부 승인신청서 제출

프롤로그

절세만 잘해도 사업 반은 성공!

　세무 상담을 하다 보면 의외로 많은 사업자들이 세법에 무심해 놀란다. 세법에 무심한 사업자는 크게 두 가지 유형이다. 첫 번째 유형은 아예 세법을 알아야 할 이유조차 몰랐던 경우다. 그저 열심히 사업을 하면 되겠거니 생각하다 매달 4대 보험료를 납부하고, 분기별 혹은 6개월에 한 번씩 부가세를 내야 한다는 사실에 당황한다. 게다가 전혀 예상치도 못했던 세금이 생각보다 금액이 크다는 것을 알면 더욱 망연자실해 한다.

　두 번째는 기장을 비롯한 세금 관련 문제는 모두 전문가인 세무사에게 맡길 것이므로 굳이 자신까지 알 필요가 없다고 생각하는 유형이다. 필요한 영수증과 거래내역만 챙겨주면 세무사가 다 알아서 해 줄 것이라 철썩같이 믿는다. 첫 번째보다는 두 번째 유형이 상대적으로 조금 낫기는 하지만 사업이 곧 세금과의 전쟁임을 모른다는 차원에서는 두 가지 유형 모두 걱정스럽기는 매한가지다.

사업은 관리가 중요하다. 처음 사업을 시작한 초보사장들은 적극적으로 사업을 벌여 수익을 많이 내기만 하면 된다고 생각하는 경우가 많은데, 그렇지 않다. 세무 상담을 하다 보면 분명 사업이 잘 되고 있는데도 실속이 없는 회사를 종종 본다. 여러 가지 원인이 있겠지만 대부분 수입과 지출을 잘 관리하지 못하고 세법에 무지한 원인이 크다. 예를 들어 한 사업자는 사업에 필요한 장비를 구입할 때 장비 값에 부가세를 따로 더 내는 것이 부담스러워 세금계산서를 끊지 않는 조건으로 장비 값만 현금으로 지급하고 구입했다. 당장은 부가세를 내지 않았으니 지출을 줄인 것처럼 보일 수도 있다. 하지만 매입 세금계산서를 받지 않으면 부가세를 낼 때 매입세액공제를 받을 수도 없고, 소득세를 낼 때도 비용처리를 할 수 없어 그만큼 소득세가 많아진다.

깜박 잊고 제때 세금을 내지 않았다가 가산세를 무는 사업자들도 많다. 세무사에게 기장대행을 맡긴 경우는 이런 일이 드물지만 사업 초기 매출이 많지 않아 직접 세무처리를 하는 사업자들은 종종 이런 실수를 저지른다.

세무사에게 기장대행을 맡겼어도 꼭 필요한 세무지식은 알아야 한다. 세무사는 사업자가 건네 준 자료를 바탕으로 합법적으로 최대한 절세를 할 수 있게끔 도와주는 사람이다. 절세를 하는 데 필요한 자료를 건네받지 않고도 마술을 부려 세금을 확 낮춰주는 마법사가 아니다. 그런데도 기장대행을 맡기기만 하면 기장부터 절세까지 세무사가 다 알아서 해 줄 것이라 믿는 사업자들이 너무나도 많다.

나 또한 그런 사업자를 만나 당황했던 경험이 있다. 따로 경리직원을 두지 않고 직접 세금계산서와 영수증 등을 챙겨주던 사업자가 있었는데, 워낙 바빠서인지 늘 자료가 미흡했다. 특히 매입 자료가 없어 더 없느냐고 물어봐도 갖고 있는 자료는 다 넘겼다고 말했다. 결국 세금이 많이 나올 수밖에 없었는데 알아서 세금을 줄여주지 않았다며 항의했다. 왜 세금이 많이 나올 수밖에 없었는지를 설명하고 이해시키느라 꽤 오랜 시간 고생했던 기억이 있다.

사업을 시작하면 곧바로 부딪치게 되는 것이 세금이다. 어떤 아이템으로 사업을 시작하고, 어떻게 사업에 필요한 자금을 확보할 것인가도 중요하지만 개인적으로는 기본적인 세무지식부터 공부하는 것이 더 중요하다고 생각한다. 직접 세무처리를 할 때는 말할 것도 없고, 세무사에게 맡길 때도 마찬가지다. 세법을 모르면 아무리 아이템이 좋고, 자금이 넉넉해도 구멍이 뚫린다. 사업을 잘해 돈을 벌어도 그 구멍으로 솔솔 돈이 빠져 나가 앞으로 남고 뒤로 밑지는 사업을 하기 쉽다.

사업은 곧 절세나 마찬가지다. 얼마나 절세를 잘하는지가 사업의 성패를 좌우한다고 해도 과언이 아니다. 생각보다 법의 테두리 안에서 절세를 할 수 있는 방법은 무궁구진하다. 모든 절세 방법을 다 알 필요는 없다. 좀 더 복잡하고 전문적인 지식이 필요한 절세방법은 사실 전문가의 도움이 필요하다. 하지만 꼭 필요한 기본 세무지식만으로도 얼마든지 절세가 가능하다. 그래서 절세를 위해 사업자가 꼭 알아야 할 세무지식만을 엄선해 이 책에 담았다. 그 동안 많은 사업자들을 위해 세무 상담을 하면서 사업자들이 가장 많이 질문했던 내용, 가장 골치 아파 했던 내용을 중심으로 아이템을 선정했다. 세무를 전혀 모르는 사람들도 쉽고 재미있게 읽을 수 있도록 최대한 사례를 통해 세법을 설명했지만 여러 모로 미흡한 점이 많다. 비록 부족한 책이지만 사업을 하는 수많은 사업자들에게 도움이 되는 책이 되었으면 좋겠다.

책을 쓰면서 말로 세무 상담을 하는 것과 책을 쓰는 것이 다름을 실감했다. 늘 하던 이야기인데도 글로 쓰려니 어디서부터 어디까지, 어떻게 설명해야 할지 갈피를 잡지 못하고 고민하는 시간이 대부분이었다. 그러다 보니 이 책 한권을 쓰는 데 꽤 많은 시간이 걸렸다. 크리스마스, 연말연시 그리고 설날까지 책과 함께 씨름하는 나를 묵묵히 지켜보고 격려해준 나의 사랑하는 가족들 덕분이다.

초보사장님들께 조금이라도 도움이 되고 싶다는 나의 진심이 통했는지 이 책을 보고 사업을 하는데 힘을 얻었다는 분들을 종종 만난다. 그래서 매년 개정된 세법을 하나도 놓치지 않고 반영하려 애쓰게 된다. 부족한 책을 아끼고 사랑해준 독자분들께 진심으로 고마움을 전한다.

2022년 5월

김 진

전면 개정판을 내며

어려울수록 세법에 길이 있다

〈사업하기 전에 세무부터 공부해라〉를 처음 출간한 것이 2014년 3월이었으니 이 책이 나온 지 벌써 9년차에 접어들었다. 매년 세법이 달라지다 보니 해마다 개정판을 내면서 가장 최신의 정보를 독자들에게 제공하려고 노력했다.

2022년에도 여느 해처럼 달라진 세법을 중심으로 본문 개정작업을 했다. 그런데 개정을 준비하면서 보니 미흡한 부분들이 눈에 들어왔다. 9년 전과 지금은 시장 상황이 많이 다르다. 지금은 시장이 온라인 중심으로 대거 재편되었다. 아예 온라인 시장만 겨냥해 창업하는 경우도 많고, 오프라인에 기반을 두었어도 온라인을 병행하지 않으면 안 되는 세상이 되었다.

물론 세법은 온라인과 오프라인을 특별히 구분하지 않는다. 하지만 세부적으로 들어가면 온라인으로 사업을 할 경우 좀 더 신경 써야 할 부분들이 분명 있다. 전면 개정판에서는 그런 부분들을 최대한 시장상황에 맞게

짚어주고자 노력했다.

불가피하게 사업체를 정리해야 할 때 필요한 내용들도 새로 추가했다. 사업을 새로 시작하고 성장시키는 것도 중요하지만 폐업을 잘하는 것도 중요하다. 폐업 역시 잘 준비하고, 깔끔하게 정리해야 뒤탈이 없고, 무엇보다 재기를 하는 데 도움이 된다.

꼭 사업이 잘 안 되었을 때만 폐업을 하는 것도 아니다. 당장은 괜찮지만 트렌드가 바뀌어 장기적으로 더 성장할 여력이 없다면 과감하게 폐업하고 새롭게 사업을 준비하는 것도 좋다.

어려울 때일수록 기본에 충실해야 한다는 말이 있다. 몇 년 간 계속된 코로나 팬데믹으로 그 어느 때보다도 사업자들이 어려운 시기다. 하지만 분명 끝이 있다. 힘들더라도 조금만 더 힘을 내셨으면 하는 마음이다. 새롭게 개정한 이 책이 고군분투하는 사업자들에게 좀 더 현실적인 도움이 줄 수 있기를 간절히 바랄 뿐이다.

2022년 5월

김 진

목 차

초보사장이 꼭 알아야 할 세테크
사업하기 전에 세무부터 공부해라

프롤로그_절세만 잘해도 사업 반은 성공! ·· 8
전면개정판을 내며_어려울수록 세법에 길이 있다 ································· 12

Part1. 절세의 시작, 사업자등록

01. 사업자등록, 선택이 아닌 필수다 ··· 18
02. 사업자등록 절차, 생각보다 간단하다 ·· 23
03. 업태와 종목 선정만 잘해도 돈 번다 ·· 28
04. 일반과세자 vs 간이과세자, 절세에 도움이 되는 유형은? ············· 32
05. 면세사업자! 선택이 아닌 법이 정한다 ··· 39
06. 미리 사업자등록을 해야 절세 가능하다 ······································ 43
07. 개인사업자와 법인사업자의 차이는? ··· 47
08. 동업을 할 때는 동업계약서를 작성해야 안전하다 ······················· 54
09. 개인사업자를 법인사업자로 바꾸는 방법 세 가지 ······················· 60
10. 일반과세자와 면세사업자 모두에 해당된다면? ··························· 66
11. 온라인 쇼핑몰, 꼭 통신판매업 신고를 해야 할까? ······················ 69
12. 온라인에서 해외구매대행을 할 계획이라면? ······························· 73

Part2. 수입과 지출 꼼꼼하게 챙기면 절세가 보인다

01. 간편장부 대상자, 간편장부를 써야 돈 번다 ·············· 78
02. 세금계산서, 계산서, 영수증을 챙기는 데도 원칙이 있다 ·············· 84
03. 간편장부 잘 쓰면 한 눈에 수입과 지출이 보인다 ·············· 88
04. 매출액 누락시키면 세금이 눈덩이처럼 늘어난다 ·············· 95
05. 오픈몰에서 개인 아이디로 판매한 것도 매출로 신고해야 할까? ·············· 100
06. 사업용 계좌, 꼭 만들어야 할까? ·············· 102
07. 세금계산서 잘 관리하면 절세, 잘못 관리하면 가산세 ·············· 108
08. 전자세금계산서, 선택이 아닌 필수! ·············· 114
09. 수정세금계산서 꼭 발행해야 할까? ·············· 117
10. 가공·위장 세금계산서는 끊지도, 받지도 마라 ·············· 121
11. 경비로 인정받을 수 있는 접대비, 한도가 정해져 있다 ·············· 128
12. 대출금, 갚는 게 유리할까? 이자를 내는 게 유리할까? ·············· 133
13. 감가상각자산을 처리하는 데도 기술이 필요하다 ·············· 137
14. 증빙 없는 임차료를 경비처리 할 수 있을까? ·············· 143
15. 권리금도 비용으로 처리할 수 있을까? ·············· 147

Part3. 인건비를 지출하는 데도 기술이 필요하다

01. 4대 보험료도 절세 가능할까? ·············· 150
02. 직원 월급봉투를 두둑하게 만들어주는 절세 방법 ·············· 156
03. 아르바이트를 고용했을 때 꼭 원천징수를 해야 할까? ·············· 160
04. 아르바이트도 4대 보험 꼭 들어줘야 하나? ·············· 167
05. 최저임금도 올랐는데 주휴수당까지 지급하라고? ·············· 170
06. 근로계약서와 취업규칙, 사업자를 위해서도 필요하다 ·············· 173
07. 5인 미만 사업장도 법정퇴직금을 주어야 할까? ·············· 179

Part4. 부가가치세 관리가 곧 절세다

- 01. 부가세는 언제 신고하고 납부해야 하나? ········ 184
- 02. 부가세는 어떻게 돌려받을 수 있나? ········ 189
- 03. 부가세 신고, 어떻게 해야 할까? ········ 197
- 04. 과세사업과 면세사업을 함께 할 경우 부가세 신고는 어떻게? ········ 208
- 05. 음식점을 위한 절세 포인트, 의제매입세액공제란? ········ 212
- 06. 사업장이 여러 개일 때 유리한 부가세 신고방법은? ········ 216
- 07. 과세유형이 바뀌었을 때의 부가세 절세 방법 ········ 220
- 08. 매출대금을 못 받았는데, 부가세를 꼭 내야 할까? ········ 226
- 09. 부가세 예정고지액, 꼭 내야 하나? ········ 229
- 10. 부가세를 일찍 돌려받을 수 있는 방법은 없을까? ········ 232

Part5. 소득세, 아는 만큼 줄어든다

- 01. 종합소득세와 법인세를 계산하는 방법은? ········ 236
- 02. 소득공제와 세액공제만 잘 챙겨도 소득세가 준다 ········ 242
- 03. 노란우산공제에 가입하면 소득세가 많이 줄까? ········ 249
- 04. 장부가 없을 때 소득세 신고는 어떻게? ········ 253
- 05. 지난해 적자분, 다음해 소득세에서 감면받을 수 있을까? ········ 259
- 06. 동업할 때 소득세를 최소화시키려면? ········ 263

Part6. 폐업도 전략이다

- 01. 개인사업자 폐업은 어떻게 해야 할까? ········ 270
- 02. 법인사업자는 폐업절차도 까다롭다고? ········ 273
- 03. 폐업 후에도 세무조사를 받을 수 있나? ········ 278
- 04. 폐업할 때 정부로부터 받을 수 있는 지원은? ········ 282

색인 ········ 285

Part 1.
절세의 시작, 사업자등록

01
사업자등록, 선택이 아닌 필수다

●●●

    진정한 씨는 우연한 기회에 품질 좋은 토종꿀을 팔기 시작했다. 일찌감치 귀농한 대학 선배가 여러 차례 농사에 실패한 후 마지막으로 시도한 것이 '양봉'이었다. 다행히 양봉은 성공적이었다. 품질에 대한 평가가 좋았다. 그런데 선배가 유통이 서툴러 도와주고 싶은 마음에 하나 둘 팔아주기 시작한 게 계기가 되었다.

    처음에는 지인들 중심으로 팔았다. 품질이 좋아서 그런지 한 번 먹어본 사람들이 또 주문을 하기 시작했고, 시간이 지날수록 주문이 늘었다. 시험 삼아 옥션에서 개인자격으로 몇 번 팔기도 했다. 제대로 홍보를 하지 못해 거의 안 팔릴 줄 알았는데 옥션에서도 준비한 물량이 다 소진됐다.

    좀 더 본격적으로 팔아보고 싶은 욕심이 생겼다. 1~2년 정도 기반이 쌓이면 퇴직 후 사업화해도 좋겠다는 생각이 들었다. 사업을 하려면 사업자등록을 해야겠지만 퇴직하기 전까지는 지금까지 해왔던 것처럼 그냥 하고 싶다. 매출도 얼마 되지 않는데 굳이 사업자등록을 할 필요를 느끼지도 못한다. 괜히 사업자등록을 하면 세금만 많이 내고, 또 직장에 알려지기라도 하면 오해를 사거나 불이익을 당할까 걱정스럽기도 했다. 지금껏 사업자등록을 하지 않고도 판매하는 데 별 문제가 없었으나 한편으론 불안하기도 하다.

사업자등록을 하지 않고는 정상적인 사업이 불가능하다

　사업을 하려면 당연히 사업자등록을 하는 것이 맞다. 그런데 여러 가지 이유로 사업자등록을 하지 않고 사업을 하고 싶어 하는 사람들이 많다. 사업자등록을 하면 세금을 많이 내야 한다고 생각해 사업자등록을 하고 싶어 하지 않는 분들이 대부분이지만 개중에는 자신이 사업자인줄 몰라 사업자등록을 하지 않는 분들도 적지 않다. 진정한 씨처럼 지인들을 중심으로 판매를 하거나 어쩌다 한 번씩 오픈마켓에 제품을 올려 판매했다면 미처 자신이 사업자인줄 모를 수도 있다. 법에서는 사업상 독립적으로 재화 또는 용역을 공급하는 자로, 그 공급행위가 계속 반복적이라면 사업자로 보고 있다. 그렇게 본다면 진정한 씨가 1~2년 계속 토종꿀을 판다면 엄연한 사업자인 셈이다.

　사업자는 각종 세금을 내야 할 의무가 있다. 사업자등록을 했느냐 안 했느냐에 상관없이 세금을 내야 한다. 물론 사업자등록을 하지 않으면 사업자가 매출을 얼마나 올렸는지 파악하기가 어려워 국세청이 적법한 세금을 매기기가 어렵다. 이 점을 악용해 세금을 내지 않으려는 목적으로 사업자등록을 하지 않고 사업을 하는 사람들이 제법 많다.

하지만 사업자등록을 하지 않으면 정상적인 사업을 하기가 불가능하다. 요즘에는 재화나 용역을 공급하거나 공급받을 때 세금계산서, 계산서, 현금영수증 등을 발행하지 않으면 정상적인 거래가 어렵다. 기업과 기업이 거래할 때는 두말할 것도 없고, 개인들도 현금보다는 신용카드로 결제하는 경우가 많아 사업자등록을 꼭 해야 한다.

모든 거래를 현금으로 결제하고, 세금계산서를 비롯한 사업을 했다는 증거를 남기지 않으면 괜찮지 않을까 생각할 수도 있다. 꼬리가 길면 잡힌다. 어쩌다 한 번 사업을 하고 그만두었다면 모를까, 지속적으로 사업을 하면서 감쪽같이 흔적을 남기지 않는다는 것은 거의 불가능하다. 특히 인터넷 상의 거래는 고스란히 흔적이 남기 때문에 국세청에 발각되는 건 시간문제다. 사업자이면서도 사업자등록을 하지 않고 판매를 했다면 탈세를 한 것으로 간주한다. 따라서 지속적으로 판매를 할 계획이라면 당당하게 사업자등록을 하고 내야 할 세금을 내면서 사업을 하는 것이 안전하고 바람직하다.

발각되면 엄청난 가산세가 기다린다

사업자등록을 하지 않고 사업을 하다 발각되면 어떻게 될까? 엄청난 후폭풍이 기다린다. 사업자등록을 하지 않고 세금을 내지 않은 사실이 드러나면 지금껏 내지 않았던 각종 세금을 한꺼번에 내야 한다. 그것만 해도 큰 부담인데, 설상가상으로 가산세까지 붙어 부담은 배가 된다.

한꺼번에 내야 할 세금은 얼마나 될까? 사업자등록을 하지 않고 1년 전부터 제품을 팔아 1억 원의 연매출을 올렸다고 가정해보자. 우선 사업을 개시한 날부터 등록을 신청한 날의 직전일까지의 공급가액에 대해 1%에 상당하는 가산세를 내야 한다. 예를 들어 202X년 1월 1일부터 사업을 시작하고, 그 다음해 2월 15일 사업자등록 신청을 했다면 그 전일인 2월 14일까지의 기간이 가산세를 내야 할 기간이 된다. 여기서는 이해하기 쉽게 사업자등록을 하지 않고 사업한 1년을 기준으로 가산세를 계산하도록 하자. 매출액이 1억 원이니 가산세는 1억 원×1%=100만 원이 된다.

그뿐만이 아니다. 일반과세자는 부가세를 내야 하는데, 사업자등록을 하지 않고 올린 매출에 대해서는 20%의 무신고가산세와 납부하지 않은 세액에 대해 납부지연가산세를 내야 한다. 즉 매출이 1억 원이니 원래는 매출의 10%인 1,000만 원을 부가세로 내야 했다. 그런데 이를 내지 않았으니 부가세 1,000만 원의 20%인 200만 원을 추가로 더 내야 한다. 또한 납부하지 않은 1,000만 원의 부가세에 일종의 이자인 납부지연가산세도 붙는다.

여기까지만 해도 한꺼번에 내야 할 세금이 100만 원(매출액에 붙는 가산세)+1,200만 원(가산세를 포함한 부가세)=1,300만 원이 훌쩍 넘는다. 하지만 여기서 끝나지 않는다. 사업자는 당연히 소득세나 법인세도 내야 하는데, 사업자등록을 하지 않은 경우 비용을 인정받지 못해 세금이 많아진다. 제때 사업자등록을 하고 지출비용에 대한 증빙서류를 갖추었다면 매출에서 매입을 뺀 순이익을 기준으로 세금을 내면 된다. 하지만 사업자등록을 하지 않으면 증빙서류를 갖출 길이 없어 1억 원이 그대로 순이익이 돼 세금이 엄청나게 많아질 수밖에 없다. 그런데다 역시 소득세를 제때 신고·납부하지 않은 대가로 무신고가산세(세액의 20%)와 납부지연가산세를 더 내야 한다.

또한 장부와 기록의 파괴 등 부정행위로 신고하지 않은 경우에는 40%나 되는 가산세를 적용한다. 이에 더해 사기나 그 밖의 부정한 행위로써 조세를 포탈한 경우 조세범처벌법에 의해 2년 이하의 징역 또는 포탈세액의 2배 이하에 상당하는 벌금에 처해질 수 있으니 조심해야 한다. 괜히 세금 아끼려다 세금 폭탄 맞지 않으려면 제때 사업자등록을 하는 것이 최선이다.

02
사업자등록 절차, 생각보다 간단하다

●●●

창업을 준비 중인 김달수 씨. 사업을 하려면 사업자등록을 해야 한다는데, 어디서 어떻게 해야 할지 몰라 고민이다. 어떤 서류를 준비해야 할지도 모르겠고, 어디에 가서 신청해야 하는지도 모르겠다. 사업자등록을 하면 큰돈은 아니지만 투자를 하겠다는 사람도 있어 빨리 사업자등록증을 받고 싶은데, 시간이 얼마나 걸릴지도 궁금하다.

먼저 사업을 시작한 선배에게 물어보니 개인이냐 법인이냐에 따라 준비해야 할 서류도 달라지고, 사업자등록증 교부 기간도 차이가 있다고 한다. 개인사업자로 등록할 것이라고 하니 대수롭지 않게 그냥 세무서에 가면 바로 해준다고 하는데, 믿기지가 않는다. 선배 이야기가 사실일까?

사업자등록에 필요한 서류

사업자등록을 할 때 필요한 서류는 일단 개인사업자인지 법인 사업자인지에 따라 다르다. 또한 동업을 하거나 사업장을 임차한 경우, 미리 허가를 받아야 하는 사업을 할 경우, 사업을 시작하기 전에 미리 등록하려는 경우에는 각각 별도의 서류를 준비해야 한다.

	개인사업자	법인사업자
필수	사업자등록신청서 1부	법인설립신고 및 사업자등록신청서 1부 법인등기부등본 1부 정관 1부 주주 또는 출자자명세서 1부
선택	① 임대차계약서 사본 1부(사업장을 임차한 경우) 　* 단 전대차계약인 경우는 '전대차계약서 사본' 필요(계약서 사본에 건물주의 동의 또는 승낙 표시) ② '상가건물 임대차보호법'이 적용되는 상가건물의 일부분을 임차한 경우에는 해당부분의 도면 1부 ③ 사업허가(등록·신고)증 사본 1부(허가(등록·신고)를 받아야 하는 사업의 경우 ④ 사업 개시 전에 등록하려는 경우 사업허가신청서 사본이나 사업계획서	
	⑤ 2인 이상 공동으로 사업을 하는 경우에는 동업계약서 ⑥ 재외국민·외국인 입증서류로서 여권 사본 또는 외국인등록증 사본 국내에 통상적으로 주재하지 않는 경우 납세관리인 설정 신고서	⑤ 현물출자법인의 경우 현물출자명세서 1부

(표) 사업자등록에 필요한 서류

사업자등록을 할 때 꼭 필요한 사업자등록신청서나 법인설립신고 및 사업자등록신청서는 국세청 홈페이지(www.nts.go.kr)에서 다운로드해 작성한 후 관할 세무서에 제출하면 된다. 세무서 민원봉사실에도 필요한 서식이 비치되어 있어 바로 세무서에 가서 작성한 후 제출할 수도 있다.

사업자등록증은 신청한 후 2일 이내에 교부하는 것이 원칙이다. 하지만 필요한 서류를 제대로 갖추고, 특별한 사유가 없다면 대부분 신청하는 즉시 바로 나온다. 다만 다른 사람의 명의를 빌어 사업을 하다 적발되었거나 신용카드 위장 가맹 혐의가 있는 사람인 경우에는 절차가 좀 더 까다롭다. 실제로 사업을 하는지 현지 확인을 한 후 5일 이내에 사업자등록증을 교부한다.

임대차계약서는 선택, 집주소도 문제없다

인터넷 쇼핑몰처럼 인터넷을 기반으로 한 온라인 사업이 활발해지면서 별도의 사업장을 얻지 않고 집에서 사업을 하고 싶어 하는 분들이 많다. 임대차계약서는 필수가 아닌 선택사항이기 때문에 얼마든지 사업장 주소를 집으로 할 수 있다.

집 명의가 사업자 본인일 경우에는 아주 간단하다. 신분증만 있으면 된다. 집이 가족 명의로 되어 있거나 다른 사람의 집을 사업자주소로 할 때는 사정이 다르다. 원칙적으로 '무상사용승낙서'를 받아야 한다. 예를 들어 집 명의가 아버지로 되어 있을 때는 아버지로부터 집을 무상으로 사용해도 좋다는 허락을 받았다는 증거서류를 제출해야 한다. 하지만 실제로는 관할세무서에 따라 무상사용승낙서를 요구하는 경우도 있고, 그렇지 않은 경우도 있다. 불필요한 발걸음을 줄이려면 미리 관할세무서 민원봉사실에 전화해 필요한 서류를 물어보는 것이 가장 안전하다.

사업장을 임차하는 경우에는 당연히 '임대차계약서'가 필요하다. 사업자가 건물주와 직접 임대차계약을 맺었을 때는 번거로울 것이 없다. 문제는 전대차계약을 했을 때이다. 전대차계약이란 사업장을 임차한 사람이 다른 사람에게 사업장의 일부 공간을 또다시 빌려주는 것을 말한다. 전대차계약을 할 때는 반드시 건물주의 동의나 승낙이 필요하다. 전대차계약서에 건물주가 동의나 승낙을 했다는 사항을 기재하고 도장이나 사인을 찍어도 좋고, 별도로 동의나 승낙서를 작성해도 좋다. 무상으로 사무실을 빌려 쓸 때도 마찬가지다.

사업자등록, 인터넷으로도 신청 가능

인터넷으로도 사업자등록 신청을 할 수 있다. 국세청 홈택스(www.hometax.go.kr)에 들어가 〈신청·제출〉 메뉴를 클릭하면 〈사업자등록 신청/정정 등〉이라는 버튼이 나온다. 이 버튼을 클릭한 다음 신청하면 된다. 보통 신청 후 2일 이내에 사업자등록증이 나오는데, 신청내용을 보정하거나 현장 확인이 필요할 경우에는 더 늦어질 수도 있다.

관할 세무서에 따라 차이는 있지만 요즘에는 대부분 사업자등록 신청을 하면 특별한 결격사유가 없는 한 그 자리에서 바로 사업자등록증을 발급해준다.

대리인이 신청해도 OK!

　사업자등록을 신청할 때는 신청서에 사업자 본인이 자필 서명을 하거나 도장을 찍어야 하기 때문에 직접 하는 것이 가장 편하다. 하지만 불가피한 사정이 있다면 다른 사람이 대신 사업자등록을 할 수도 있다. 다만 대리인이 신청할 경우에는 대리인과 위임자의 신분증과 사업자의 도장이 필요하다.

　세무사와 같은 세무대리인이 사업자등록을 신청할 경우에는 다른 일반 대리인이 신청할 때보다 사업자등록증을 빨리 교부받을 수 있다. 이러한 '세무대리인 즉시교부제'는 2008년 1월 개인사업자를 대상으로 먼저 시행한 후 2009년 9월부터는 법인사업자까지 확대돼 시행중이다. 세무대리인은 세무서를 대신해 사업자가 정상적으로 사업을 한다는 것을 확인한 후 '사업자등록 신청내용확인서'를 작성해 제출하는 경우에 한해 사업자등록증을 즉시 교부해주고 있다.

03
업태와 종목 선정만 잘해도 돈 번다

●●●

　김달수 씨는 사업자등록에 필요한 서류를 준비해 세무서에 갔다. 세무서에 비치된 사업자등록신청서를 작성해 제출하기만 하면 되는데 몇 자 적기도 전에 '업태'와 '종목'난에서 막혔다. 혼자서는 도저히 알 길이 없어 세무서 직원에게 도움을 요청했다.

　세무서 직원은 어떤 사업을 하는지 물어보더니 적당한 업태와 종목을 찾기 시작했다. 문화콘텐츠를 만들고 서비스할 계획이었는데, 세무서 직원은 디지털이 발달하면서 형성된 분야라 그런지 딱 들어맞는 업태와 종목을 고르기가 어렵다고 했다. 몇 가지를 골라 추천을 해주는데 어떤 것이 가장 적합한지 도무지 알 수가 없다. 업태와 종목이 사업을 할 때 큰 영향을 미치는 것이 아니라면 대충 선정하고 싶은 마음이 굴뚝같다.

업종에 따라 단순경비율과 기준경비율이 다르다

사업자등록신청서를 작성할 때 가장 난감한 부분 중의 하나가 '업태'와 '종목'이다. 쉽게 말하면 업태는 회사의 업무 형태, 종목은 세부적으로 하는 일이라고 이해하면 된다. 예를 들어 업태는 서비스업, 제조업, 도매업, 소매업 등 업무를 크게 분류한 형태이며, 종목은 전자상거래, 디자인, 교육, 무역, 출판, 운송관련대리 서비스 등 업무를 보다 세분화시킨 구분이다. 흔히 업태와 종목을 합해 '업종'이라 부른다.

업태와 종목을 선정할 때는 신중을 기해야 한다. 업종 선택에 신중해야 하는 이유는 업종에 따라 단순경비율과 기준경비율이 달라져 업태에 따라 종합소득세 금액이 크게 차이가 날 수 있기 때문이다. 단순경비율과 기준경비율이란 수입금액 중 비용으로 인정해주는 비율을 말한다. 장부에 꼼꼼하게 수입과 지출을 적고 장부를 기준으로 소득금액을 신고할 때는 단순경비율과 기준경비율이 중요하지 않다.

하지만 장부를 기장하지 않았을 때는 다르다. 사업 초기에는 매출도 적고 기장해야 할 내용도 많지 않아 장부를 작성하지 않는 사업자들이 많다. 보통 소득금액을 산출할 때는 수입금액에서 경비로 지출한 비용을 제외한 금액을 기준으로 한다. 물론 경비로 인정받으려면 장부에 적는 것만으로는 안 되고 경비로 지출했음을 증명하는 자료가 있어야 한다. 따라서 장부를 작성하지 않은 경우에는 매출액이 그대로 소득금액이 되고, 결국 소득세를 많이 부담해야 하는 상황이 벌어진다.

장부를 기장하지 않았을 때 사업자의 세 부담을 줄여주기 위해 마련한 것이 단순경비율과 기준경비율이다.

앞에서도 이야기했듯이 단순경비율과 기준경비율은 업종에 따라 천차만별이다. 단순경비율을 예로 들면 제조업의 경우 보통 90%대를 넘지만, 서비스업의 경우 60~70%대 수준이다. 이는 아주 큰 차이다. 연수입이 4,000만 원일 경우 제조업일 때는 수입의 90%인 3,600만 원을 경비로 인정받아 소득금액이 400만 원인데 비해, 서비스업일 때는 단순경비율이 70%일 경우 2,800만 원만 경비로 인정받아 소득금액이 1,200만 원이 된다. 단순경비율 20%의 차이가 무려 소득금액을 3배나 더 많게 만드는 것이다.

이처럼 단순경비율과 기준경비율은 소득금액을 결정하는 데 결정적인 역할을 한다. 장기적으로 사업을 발전시키려면 장부를 기장하는 것이 바람직하다. 하지만 사업 초기 여러 가지 사정으로 장부를 기장하지 못할 경우를 대비해 최대한 단순경비율과 기준경비율을 많이 인정받을 수 있는 업종을 선택할 필요가 있다.

나에게 맞는 업종, 어떻게 알아볼까?

많은 사업자가 업태로 제조업을 선호하는 이유는 제조업의 단순경비율과 기준경비율이 유리하기 때문이다. 그렇다고 무조건 제조업을 선택할 수는 없다. 절세를 목적으로 제조업에 해당하지도 않는데 사업자가 제조업으로 하고 싶어 한다고 세무서에서 그냥 묵인해주지는 않는다. 어디까지나 법이 정한 범위 내에서 적합한 업종을 찾는 것이 중요하다.

법의 테두리 안에서 얼마든지 유리한 업종을 선택할 수 있다. 예를 들어 주로 광고나 홍보물을 디자인하는 사업을 한다고 가정해보자. 업태를 무엇으로 해야 할까? 디자인 관련 일은 대부분 서비스업종에 속한다. 고객의 요구에 맞게 디자인을 해주는 일이므로 서비스업으로서의 조건을 갖추고 있다. 하지만 디자인을 하는 데 그치지 않고 홍보물을 인쇄해 제작까지 한다면 얘기는 달라진다.

원래 제조업은 자기 사업장에 제조시설을 갖추고 직접 상품을 제조함을 원칙으로 한다. 그렇지만 직접 제조는 하지 않더라도 다른 제조업체에 의뢰해 제조해 판매하는 경우라면 제조업이 될 수 있다. 다만 이때는 다른 사업장에 위탁제조 및 가공을 맡겼다는 계약서가 있어야 한다.

꼭 제조업이 아니더라도 단순경비율과 기준경비율이 높은 업종은 많다. 내가 하려는 사업이 어떤 업종에 속할 수 있는지는 국세청 사이트에서 알아볼 수 있다. 국세청 홈택스 사이트(www.hometax.go.kr)에 접속한 후 〈조회·발급〉 메뉴의 〈기타 조회〉에서 〈기준·단순경비율(업종코드)〉을 선택하면 업종별 기준경비율과 단순경비율을 조회할 수 있다. 꼼꼼하게 살펴보고 최대한 유리한 업종을 선택하도록 한다.

04
일반과세자 vs 간이과세자, 절세에 도움이 되는 유형은?

• • •

　사업자등록 신청서를 꼼꼼하게 작성한 뒤 김 사장은 의기양양하게 세무서 직원에게 신청서를 제출했다. 세무서 직원은 신청서를 훑어보고 한마디했다.
　"일반과세자인지, 간이과세자인지 체크하셔야죠?"
　업태와 종목만 잘 선정하면 되는 줄 알았더니 이건 또 무슨 소리인가? 이해를 못해 멍한 표정으로 있었더니 세무서 직원이 다시 묻는다.
　"일반과세자로 신청할 것인지, 간이과세자로 할 것인지 선택하셔야 해요. 사업을 시작하면 연 매출이 얼마나 될 것 같아요?"
　점점 더 미궁 속으로 빠져드는 기분이다. 뜬금없이 연 매출은 또 왜 물어보는지. 당황하며 사업자등록 신청서를 다시 살펴보니 '사업자현황'을 신고하는 곳에 '간이과세 적용 신고 여부'를 체크하는 난이 있긴 있다. 미처 보지 못했던 것이다. 일반과세자와 간이과세자의 차이도 잘 모르는데, 어떻게 해야 할 지 난감하다.

연 매출 8,000만 원 미만이면 간이과세자

간이과세자와 일반과세자를 구분하는 가장 중요한 기준은 연 매출이다. 직전연도의 매출이 8,000만 원(부동산임대업 및 과세유흥장소를 경영하는 사업자는 4,800만 원) 미만인 개인사업자만이 간이과세자가 될 수 있다. 간이과세자는 일반과세자가 납부하는 부가세의 15~40% 정도만 납부한다고 생각하면 된다. 그리고 연매출이 4,800만 원이 안되는 경우에는 아예 부가세 납부의무가 면제된다. 그런데 처음 사업을 시작하는 사업자는 전년도 매출이 없기 때문에 매출액이 얼마나 될 것인지를 예측해 과세유형을 선택해야 한다. 연 매출액을 예상했을 때 8,000만 원을 넘지 않을 것 같으면 간이과세자를 선택할 수 있다. 하지만 연 매출액이 8,000만 원 미만이라고 무조건 간이과세자가 될 수 있는 것은 아니다. 다음과 같은 경우 연 매출액과 상관없이 일반과세 적용을 받는다.

- 광업, 제조업(과자점, 떡방앗간, 양복·양장·양화점은 가능)
- 도소매업(소매업을 겸할 때 도·소매업 전체) 및 상품중개업, 부동산매매업
- 전기·가스·증기 및 수도사업
- 건설업(도배업, 인테리어 공사업 등은 가능)
- 전문·과학·기술서비스업, 사업시설 관리·사업지원 및 임대 서비스업
  (인물사진, 행사용 영상 촬영업 등은 가능)
- 시 이상 지역의 과세유흥장소
- 시 이상 지역에 소재하는 일정 규모 이상의 부동산 임대업
- 둘 이상의 사업장의 직전연도 공급대가의 합계액이 8,000만 원 이상인 사업자

(부동산 임대업 또는 과세유흥장소는 4,800만 원)
 - 전문직 사업자
 - 국세청장이 정한 간이과세 배제기준에 해당하는 사업자
 - 현재 일반과세자로 사업을 하고 있는 자가 새로 사업자등록을 낸 경우
   (단, 개인택시, 용달, 이·미용은 가능)
 - 일반과세자로부터 포괄 양수받은 사업

사업자등록을 할 때 간이과세자로 신고했다 하더라도 영원히 간이과세자로 머물 수 있는 것은 아니다. 사업을 시작한 후 부가세 확정 신고를 하면 이를 기초로 세무서는 실제 매출을 파악한다. 이때 연매출이 8,000만 원이 넘으면 사업자 본인의 의사와 상관없이 과세유형이 일반과세자로 바뀐다. 거꾸로 사업자등록을 할 때 일반과세자로 신청했더라도 연 매출이 8,000만 원 미만일 경우 자동으로 간이과세자로 전환된다.

간이과세자가 꼭 절세에 유리한 것은 아니다

사업을 시작하면 내야 할 세금이 많다. 그 중 하나가 부가가치세(이하 부가세)인데, 일반과세자와 간이과세자를 구분하는 이유는 바로 이 부가세 때문이다. 부가세는 쉽게 말하면 상품을 사고 팔 때 추가로 내는 세금이다. 보통 공급가액의 10%를 부가세로 낸다. 예를 들어 100만 원짜리 상품을 사고 팔 때 10%에 해당하는 10만 원을 더 주거나 받아야 하는데, 이 10만 원이 부가세인 셈이다.

일반과세자인 경우는 매출세액에서 매입세액을 뺀 금액을 부가세로 납

부해야 한다. 여기서 매출세액과 매입세액은 공급가액(부가세를 제외한 가격)에 10%를 곱한 금액이다. 이해를 돕기 위해 과세기간 동안 김사장의 매출 공급가액이 2,000만 원이고, 매입 공급가액이 500만 원이라고 가정해보자. 이때 매출세액과 매입세액은 각각 200(2,000만 원×10%)만 원과 50(500만 원×10%)만 원이 된다. 김사장이 일반과세자일 경우 부가세는 매출세액에서 매입세액을 뺀 금액이므로 200만 원−50만 원=150만 원을 납부해야 한다.

> 일반과세자의 부가세 = 매출세액(공급가액의 10%) − 매입세액(공급가액의 10%)

이에 비해 간이과세자의 부가세 계산법은 좀 다르다. 간이과세자일 경우에는 부가가치율을 적용받는다. 부가가치율은 업종에 따라 조금씩 차이가 있는데, 대략 15~40% 수준이다. 즉 공급대가(부가세 포함한 가격)에 부가가치율을 곱한 가격을 기준으로 10%에 해당하는 금액을 부가세로 납부한다.

김 사장이 간이과세자일 경우 매출세액을 계산해 보자. 간이과세자의 부가세 계산법은 다르다. 간이과세자는 매출세액을 계산할 때 업종별 부가가치율을 적용한다. 제조업의 부가가치율은 20%이므로 매출이 2,000만 원일 때 세액은 2,000만 원×20%(업종별 부가가치율)×10%=40만 원이다. 일반과세일 경우 2,000만 원에 해당하는 매출세액이 200만 원이었던 것을 감안하면 확실히 간이과세자가 덜 냄을 확인할 수 있다.

간이과세자는 1월 1일부터 12월 31일까지의 1년을 과세기간으로 하여 부가세를 1년에 한 번만 1월 25일에 신고한다. 그 이후 7월 25일에는 직전 과세기간에 신고한 납부세액의 50%를 세무서에서 받은 고지서로 납부하는 방식으로 부가세 신고가 간편해졌다.

> 간이과세자의 매출세액 = 공급대가(부가세 포함) × 업종별 부가가치율 × 10%

그뿐만이 아니다. 간이과세자도 부가세를 낼 때 일반과세자처럼 매입세액을 공제받을 수 있다. 세법 개정으로 2021년 7월 1일 이후 공급분부터는 매입세액을 계산할 때 업종과 관계없이 공급대가의 0.5%를 공제받는다. 예를 들어 거래처로부터 교부받은 매입 세금계산서 상의 공급대가가 500만 원일 경우 500만 원×0.5%=2만 5천 원을 공제받을 수 있다. 결과적으로 매출과 매입이 각각 2,000만 원, 500만 원일 경우 일반과세자의 경우 150만 원, 간이과세자의 경우는 40만 원-2만 5천 원=37만 5천 원의 부가세를 낸다. 간이과세자일 경우 무려 112만 5천 원이라는 큰돈을 절세할 수 있다는 얘기다.

매출액 4,800만 원 미만인 간이과세자는 부가세를 아예 납부하지 않는 납부의무 면제 대상에 해당되어 매출액이 적은 간이과세자는 더욱 부가세 부담이 적다.

> 간이과세자의 세액공제액 = 매입공급대가 × 0.5%

여기까지만 보면 절세 면에서는 간이과세자가 무조건 유리해 보인다. 하지만 꼭 그렇지만은 않다. 사업을 처음 시작했을 때는 매출보다 매입이 많은 경우가 비일비재하다. 매출이 매입보다 많을 때는 간이과세자가 유리할 수 있지만 매입이 더 많을 때는 온전히 매입세액공제를 받을 수 없기 때문에 손해를 볼 수도 있다.

예를 들어 매출이 500만 원, 매입이 2,000만 원이라 가정해보자. 일반과세자일 경우는 500만 원(공급가액)×10%−2,000만 원(공급가액)×10%=−150만 원으로 150만 원을 돌려받을 수 있다. 하지만 간이과세자의 경우 매출세액보다 세액공제액이 커도 부가세를 돌려받을 수 없다.

단기적으로 보면 간이과세자가 일반과세자보다 절세에 도움이 되는 것이 사실이지만 장기적으로 보면 큰 도움이 안 된다. 간이과세자의 조건인 연 8,000만 원은 생각보다 큰 금액이 아니다. 주로 용역을 파는 서비스업의 경우에는 8,000만 원을 넘기가 힘들 수도 있지만 제조업이나 도·소매업일 경우에는 금방 매출이 8,000만 원을 넘을 수 있다. 따라서 사업의 종류와 앞으로의 발전성을 충분히 생각해보고 일반과세자로 할 것인지, 간이과세자로 할 것인지를 결정하는 것이 바람직하다.

매출이 2,500만 원밖에 안 되는데 왜 간이과세자가 아닐까?

이 사장은 202X년 10월 1일자로 사업자등록을 했다. 자동차부품을 개발하는 회사를 차렸는데, 당분간은 시제품을 개발하고 테스트를 하는 데 전념해야 해 매출이 크지 않을 것 같아 간이과세자로 등록했다. 예상대로 첫 해 매출은 2,500만 원을 기록했다. 그런데 그 다음해 1월에 부가세 신고를 했더니 저절로 일반과세자로 과세유형이 바뀌었다.

이 사장은 이해할 수가 없다. 분명 연 매출이 8,000만 원 미만이면 간이과세자 요건을 충족시키는 건데 왜 일반과세자로 전환이 되었을까?

간이과세자로 계속 사업을 하던 사업자는 전년도(1월 1일부터 12월 31일)의 매출액이 8,000만 원을 넘을 경우 다음해의 7월 1일부터 일반과세자로 과세유형이 전환된다. 하지만 신규 사업자의 경우에는 좀 다르다. 언제 사업을 개시했는지에 따라 연 매출을 계산하는 방법이 차이가 있다.

우선 과세기간(1월 1일~12월 31일) 중 사업을 시작한 경우 사업 개시일부터 과세기간 종료일까지의 매출액을 연간 환산한 금액이 8,000만 원 이상이면 일반과세자로 전환된다. 과세기간 동안의 연간환산금액을 산출하는 방법은 다음과 같다.

연간환산금액 = 매출액 / 사업을 한 월수 × 12

매출액을 과세기간 월수로 나누는 것이다. 예를 들어 10월 15일 사업을 시작해 12월 31일까지 3,000만 원의 매출을 올렸다면 연간환산금액이 3,000만 원 / 3개월(10, 11, 12월) × 12 = 1억 2,000만 원으로 8,000만 원을 훌쩍 넘는다. 이때는 사업을 개시한 그 다음해 6월 30일까지만 간이과세를 적용받고, 7월 1일부터는 일반과세의 적용을 받는다.

즉 이 사장의 경우 10월 1일부터 12월 31일까지의 매출액이 2,500만 원이었으므로 연환산금액은 2,500만 원 / 3개월 × 12개월 = 9,999만 원이 된다. 8,000만 원이 넘으니 당연히 일반과세자로 전환된 것이다.

05
면세사업자! 선택이 아닌 법이 정한다

●●●

영어교육과를 졸업한 후 2년이 넘도록 일자리를 찾지 못한 박도전 씨는 스스로 일자리를 만들기로 마음을 굳혔다. 내년이면 서른인데, 아르바이트로 근근이 용돈을 벌면서 취업준비를 하는 것보다 일찌감치 창업을 하는 것도 나쁘지 않겠다는 생각에서였다.

어떤 사업을 할까? 머리 빠지게 고민을 하는데, 먼저 사업을 시작한 선배가 조언을 했다.

"넌 영어 잘하잖아. 영어 학원을 차리면 어때? 학원은 면세사업이라 세금에서도 유리해."

대학 때부터 꾸준히 영어 과외를 해온 터라 솔깃했다. 영어 잘 가르친다는 소리도 종종 들어 영어 학원을 차리면 잘할 수 있으리란 생각도 들었다. 게다가 면세라니 더 마음이 끌렸다. 면세라면 말 그대로 세금을 면해준다는 얘기 아닌가! 아이들을 가르칠 공간을 마련하는 데 돈이 좀 들어가겠지만 면세사업자가 될 수만 있다면 승산이 있다고 판단했다. 정말 그럴까?

면세사업자로 등록 가능한 업종

사실 부가세 면세제도는 사업자보다는 소비자를 위한 제도다. 재화나 용역(goods or service)을 구매하는 소비자 입장에서는 부가세가 큰 부담이 될 수 있다. 어쩌다 한 번 구매하는 재화나 용역은 어쩔 수 없다 하더라도 쌀이나 주택처럼 생활에 꼭 필요한 기초생필품을 구매할 때도 부가세를 내야 한다면 경제적 부담이 커질 수밖에 없다.

이런 취지에서 부가세 면세제도를 만든 것이기 때문에 면세사업자는 아무나 될 수 있는 것이 아니다. 법으로 엄격하게 면세사업자의 범위를 정해놓고 있다. 일반적으로 기초생필품이나 국민후생 및 문화와 관련된 분야의 사업에 한해 면세사업자가 적용된다. 면세사업자 적용범위를 구체적으로 살펴보면 다음 표와 같다.

박도전 씨가 하고 싶어 하는 학원 사업은 면세사업 적용범위인 교육용역에 해당하기 때문에 면세사업자로 등록할 수 있다. 다만 정부의 허가 또는 인가를 받은 학교, 학원, 교습소에 한해 면세를 해준다.

구분	면세대상
기초생활필수품 및 용역	– 미가공식료품과 국내산 농축수임산물 – 수돗물 – 여성용 생리처리 위생용품 – 연탄 및 무연탄 – 대중교통 여객운송용역 – 주택과 그 부수토지의 임대용역
국민후생·문화 관련 재화·용역	– 의료보건용역과 혈액 – 교육용역 – 도서·신문·잡지·통신 및 방송 – 예술창작품·예술행사·문화행사·비직업운동경기 – 도서관·박물관·동물원·식물원의 입장 용역
부가가치의 생산요소 및 인적용역	– 금융·보험영역 – 토지 – 인적용역
기타 목적의 공급	– 우표·인지·증지·복권·공중전화 – 종교·자선 등의 공익단체의 공급 – 국가조직의 공급 – 국가조직 및 공익단체에 무상공급

(표) 면세사업 적용범위

부가세는 면제, 소득세는 과세

　면세사업자라고 하면 모든 세금으로부터 면제되는 것이라 잘못 알고 있는 분들이 꽤 있다. 사업자등록을 하면 부가세, 소득세를 비롯한 다양한 세금을 내야 하는데, 면세사업자는 그 중 부가세만을 납부하지 않아도 된다. 소득세를 비롯한 다른 세금은 일반과세자나 간이과세자와 똑같이 납부해야 한다.

비록 면제받는 세금이 부가세에 한정되었다 하더라도 사업자 입장에서는 매력적일 수 있다. 우선 법인은 분기별로 한 번, 일반과세자인 개인사업자는 6개월에 한 번씩 부가세를 신고해야 하는 번거로움을 겪지 않아도 된다. 또한 매출액이 많아지면 그만큼 부가세에 대한 부담이 커지는 것도 사실이다. 그런 걱정 없이 사업을 할 수 있다는 것은 분명 장점이다.

하지만 부가세를 내지 않는 대신 부가세를 돌려받을 수도 없다. 면세사업자는 부가세 면제이므로 세금 계산서 대신 부가세 없이 공급가액만 기재하는 계산서를 끊지만 일반과세자로부터 재화나 용역을 공급받을 때는 부가세를 지불해야 한다. 예를 들어 면세사업인 학원을 차리려면 책상이나 의자, 선풍기, 난방기 등 학원을 운영하는 데 필요한 물품을 구매해야 한다. 이런 물품들은 면세 대상이 아니므로 이런 품목을 판매하는 업체들은 대부분 일반과세자이다. 따라서 물품의 10%에 해당하는 금액을 부가세로 더 내야 한다. 500만 원어치 물품을 사면 50만 원을 더 내야 한다. 50만 원이면 처음 사업을 시작하는 사업자에게는 결코 적은 금액이 아니지만 면세사업자는 이를 돌려받을 길이 없다.

대신 면세사업자는 공급가액 자체만 경비로 인정받을 수 있는 일반과세자와는 달리 부가세를 경비로 인정받을 수 있다. 소득세를 낼 때 경비를 많이 인정받을수록 세금을 적게 낼 수 있으니 부가세를 돌려받지 못한다고 너무 상심하지 않아도 된다.

06
미리 사업자등록을 내야 절세 가능하다

• • •

처음 사업을 시작해서 바로 매출을 올리기는 쉽지 않다. 대부분 짧게는 몇 달, 길게는 1년까지 이렇다 할 매출 없이 기반을 쌓아야 하는 경우가 많다. 그래서 쇼핑몰을 준비하는 이화영 씨도 사업자등록 신청을 차일피일 미루고 있다. 좀 더 준비가 된 다음에 사업자등록을 해도 늦지 않다고 생각했기 때문이다.

그런데 예상했던 것보다 소소하게 지출해야 하는 비용이 많았다. 사업장을 얻지 않고 집에서 사업을 할 생각이어서 큰 돈 들어갈 일이 없을 줄 알았다. 하지만 컴퓨터, 디지털 카메라 등 쇼핑몰을 운영하는 데 꼭 필요한 장비를 몇 개 구입했는데 돈이 꽤 많이 들었다. 사업용이라 이왕이면 성능이 좋은 장비로 구입하고 싶은 욕심이 났고, 그러다보니 순식간에 몇 백만 원이 날아갔다. 쇼핑몰 사이트를 예쁘게 만들려면 또 적지 않은 돈이 들어가야 한다.

본격적으로 사업을 시작하기도 전에 지출이 많아지자 불안해지기 시작했다. 사업자등록증을 내기 전이어서 세금계산서를 하나도 받지 못했다. 세금계산서를 받아야 나중에 세금을 낼 때 인정받을 수 있다는데, 어쩐지 억울하다.

공급시기가 속하는 과세기간 이후 20일 이내에 사업자등록을 신청하면 매입세액공제 가능

이화영 씨의 예에서도 알 수 있듯이 처음 사업을 시작하려면 생각보다 지출이 많아 당황하게 된다. 이화영 씨처럼 집을 사업장으로 하는 경우는 그나마 괜찮다. 사업장을 따로 얻으면 매달 임차비용을 감당해야 한다. 인테리어까지 하면 그야말로 지출비용은 눈덩이처럼 커진다.

부가세를 내야 하는 일반과세자는 부가세를 낼 때 매출세액에서 매입세액을 뺀 금액을 납부한다. 예를 들어 매출 공급가액이 1,000만 원이고 매입 공급가액이 500만 원이라면 매입세액 100만 원(매출 공급가액의 10%)에서 매입세액 50만 원(매입 공급가액의 10%)을 뺀 50만 원만 납부하면 된다. 이를 매입세액공제라 하는데, 원칙적으로 사업자등록을 하기 전에 부담한 매입세액은 공제받을 수 없다. 본격적으로 사업을 시작하기 전이라도 미리 사업자등록을 해야 하는 이유가 여기에 있다.

다행스러운 것은 사업개시일에 사업자등록을 못했다 해도 최초의 공급시기가 속하는 과세기간이 끝난 후 20일 이내에 사업자등록을 신청하면 해당 과세기간 동안 매입한 비용은 매입세액공제를 받을 수 있다는 것이다. 단 세금계산서를 교부받은 경우에 한한다.

그렇다면 여기에 한 가지 의문을 품을 수 있다. 세금계산서는 기본적으로 사업자등록을 해야 주고받을 수 있는 것인데, 어떻게 사업자등록 이전 지출한 비용에 대해 세금계산서를 받을 수 있을까? 방법이 있다. 사업자등록 번호 대신 주민등록번호로 세금계산서를 받으면 된다.

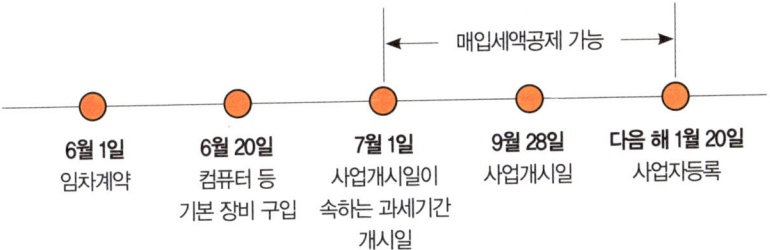

하지만 주민등록번호로 세금계산서를 받더라도 위 표와 같이 사업개시일이 속하는 과세기간 전에 지출한 비용은 매입세액공제를 받을 수 없다. 따라서 지출이 시작되는 시점에 바로 사업자등록을 하는 것이 바람직하다.

부가세보다 소득세 낼 때 더 불리하다

부가세에 익숙지 않은 사람들은 원 상품가격에 추가로 부가세 10%를 더 얹어 지불해야 하는 것을 아까워한다. 그래서 차라리 세금계산서를 받지 않고 원 상품가격만 지불하기를 원하는 사람들도 있다.

세금계산서를 받지 않으면 매입세액공제를 받을 수 없다. 하지만 상품을 살 때 부가세를 낸 것도 없으니 엄밀한 의미에서는 매입세액공제를 받지 못했다고 손해 본 것은 아니다. 부가세만을 생각한다면 부가세 안 내고 안 돌려받으면 그만이어서 굳이 사업자등록을 서두를 필요가 없을 것도 같다.

그리 간단한 문제가 아니다. 세금계산서를 받지 않고 지출한 비용은 나중에 소득세를 신고할 때 발목을 잡는다. 소득세법상 지출을 증빙할 수 있는 범위를 엄격하게 규정하고 있다. 세금계산서, 계산서, 카드매출전표,

현금영수증만 적격증빙으로 인정해준다. 결국 부가세 아끼려다 적지 않은 비용을 지출하고도 소득세를 낼 때 인정받지 못하는 불상사가 생길 수 있다.

비용으로 인정받지 못했을 때 감당해야 하는 손실이 얼마나 큰지 짐작하기 어려울 것이다. 자세한 계산법은 Part 5 소득세 편에서 설명할 것이니 여기서는 간단히 짚고 넘어가자. 계산하기 편하게 사업자등록을 하기 전에 500만 원을 세금계산서를 받지 않고 지출했다고 가정하자. 500만 원을 비용으로 인정받으면 최소 30만 원(소득세 최하 구간 6% 적용)에서 최대 225만 원(소득세 최고 구간 45% 적용)까지 절세할 수 있다.

아주 운 좋게 비용처리를 할 수 있다 해도 증빙자료가 없는 금액에 대해서는 2%에 해당하는 증빙불비가산세를 납부해야 한다. 증빙할 수 없는 금액이 500만 원이라면 10만 원을 가산세로 더 내야 한다는 얘기다.

07
개인사업자와 법인사업자의 차이는?

•••

사업자등록을 준비 중인 이제한 씨. 처음에는 별 생각 없이 개인사업자로 등록하려 했다. 사업규모가 그리 크지 않아 굳이 법인을 만들 필요가 없다고 생각했다. 법인을 만들려면 자본금도 필요하고 절차도 복잡하다고 들어 더더욱 필요성을 느끼지 못했다.

하지만 먼저 사업을 시작한 친구가 마음을 흔들어놓았다.

"당장은 개인사업자가 편하지만 장기적으로 보면 당연히 법인으로 가야지. 사업 하루 이틀 하고 말거야?"

"법인 설립하려면 돈이 많이 들잖아. 지금도 빠듯한데……."

"무슨 소리야. 요즘엔 100원만 있어도 법인 설립이 가능해."

100원으로 법인 설립이 가능하다니. 믿기지는 않지만 사실이라면 처음부터 법인으로 출발하는 것도 나쁘지 않을 것 같다. 대외적으로도 개인사업자보다는 법인이 신뢰를 주는 것도 사실이니까 말이다. 그럼에도 여전히 고민스럽다. 바로 사업자등록을 하고 싶은데, 법인으로 가려면 준비해야 할 것이 많아 시간이 꽤 지체될 것 같다. 어떻게 해야 할까? 어떻게 하는 게 사업에 도움이 될까?

단돈 100원으로도 법인 설립 가능, 절차도 간단

2009년까지만 해도 개인사업자로 등록할 때보다 법인사업자로 등록할 때 상대적으로 돈이 많이 필요했다. 법인을 설립하려면 상법상 최소자본금이 5,000만 원으로 규정되어 있었고, 중소기업청으로부터 소기업확인서를 받은 경우라도 최소자본금이 1,000만 원 이상은 되어야 했다. 결국 법인을 설립하고 싶어도 자본금이 부족해 법인사업자로 등록하지 못하는 경우도 제법 많았다.

소자본 창업자들의 발목을 잡던 최소자본금 규정은 2009년 상법이 개정되면서 삭제되었다. 이후 자본금이 넉넉지 않은 사업자들도 자유롭게 법인 설립을 할 수 있는 길이 열렸다. 최소 주식을 몇 주 발행해야 한다는 의무사항이 없고, 주식의 최소액면가액이 100원이므로 이제 단돈 100원만 있어도 법인을 설립할 수 있다.

자본금이 너무 적으면 대외적인 신뢰도가 떨어지지 않을까 걱정하는 분들이 많다. 자본금은 사업자등록증에는 표시되지 않고 등기부등본에만 표시되는 항목이므로 일부러 등기부등본을 떼보지 않는 한 상대방이 자본금을 알 수는 없다. 다만 관공서에 입찰을 하거나 금융기관과 거래할 때 자본금의 규모로 판단하는 경우가 있으니 관공서나 금융기관과 거래할 일이 많은 경우에는 어느 정도 자본금 규모가 있는 것이 유리하다.

발기인 규정도 완화되었다. 예전에는 최소 3명의 발기인을 요구했는데, 법이 바뀐 후부터는 발기인이 1명이라도 법인을 설립할 수 있게 되었다. 단 주주가 1명이고 그 주주가 대표이사를 맡아도 큰 문제는 없지만 절차를 간소화하려면 지분이 없는 임원이 최소 한 명은 있는 것이 좋다. 법인을 설립하려면 설립과정에 대한 조사보고를 해야 한다. 지분이 없는 이사나 감사 1명이 있으면 간단히 끝날 수 있지만 없으면 조사보고자를 선임하는 문제 등 여러 가지 복잡한 문제가 많고 절차도 복잡하다.

준비해야 할 서류도 간단해졌다. 예전에는 자본금을 며칠간 은행에 예치해두고 주금납입보관증을 받아 제출해야 했다. 하지만 상법 개정 이후에는 예금잔액증명서로 대체할 수 있게 되었다. 이처럼 법인 설립 절차가 간단해지긴 했지만 여전히 개인사업자로 등록할 때보다는 준비해야 할 것도 많고, 절차도 복잡한 편이다. 사업자등록을 하면서 법인에 대해 공부한다는 마음으로 준비하는 것도 나쁘지 않지만 혼자서는 어려울 수 있다. 요즘에는 법인 설립을 도와주는 전문가들이 많으니 좀 더 쉽고 빠르게 법인을 설립하고 싶다면 전문가의 도움을 받는 것이 좋다.

 Tip

법인 설립할 때 내는 세금은 얼마?

개인사업자와는 달리 법인을 설립할 때는 등록분 등록면허세와 지방교육세를 내야 한다. 등록면허세와 지방교육세는 자본금의 0.48%이며, 수도권과밀억제권역은 그 3배인 1.44%이다. 그렇다면 서울에서 자본금 1,000만 원으로 법인을 설립했을 경우 등록면허세와 지방교육세는 얼마나 될까? 공식대로라면 1,000만 원×1.44% = 14만 4,000원이어야 맞다. 하지만 법인을 설립할 때 부담하는 등록면허세와 지방교육세는 수도권과밀억제권역의 경우 과세최저금액이 40만 5,000원으로 책정되어 있다. 즉 자본금에 1.44%를 곱한 금액이 40만 5,000원이 안 되더라도 무조건 40만 5,000원을 내야 한다는 얘기다.

소득이 적을 때는 개인사업자, 많을 때는 법인이 유리

사실 개인사업자와 법인사업자 중 어떤 형태가 더 유리하다고 단정적으로 말할 수는 없다. 각각 저마다의 장단점이 있기 때문이다. 사업의 규모와 내용에 따라 적절한 형태를 선택하는 것이 바람직하다. 다만 절세 측면에서는 소득이 적을 때는 개인사업자, 클 때는 법인이 유리하다.

개인사업자든 법인사업자든 매년 1번씩 소득세를 내야 한다. 개인사업자는 매년 1월 1일부터 12월 31일까지의 소득에 대한 종합소득세를, 법인은 각 사업연도기간(통상적으로 1월 1일부터 12월 31일)의 소득에 대한 법인세를 납부해야 한다.

소득세는 총수입에서 총비용을 뺀 소득금액이 얼마인가에 따라 세율이 다르다. 개인사업자냐 법인이냐에 따라서도 적용하는 세율 기준이 또 달라진다. 개인사업자의 경우 소득금액 규모에 따라 6~45%, 법인은 10~25%의 초과누진세율이 적용된다. 세율을 보면 어느 정도 짐작할 수 있겠지만 개인사업자는 법인에 비해 소득금액 규모에 따라 오르는 세율 폭이 무척 크다. 소득이 많을수록 법인이 유리할 수 있는 이유가 여기에 있다.

소득세와 법인세를 계산하는 방법은 Part5에서 자세히 소개하겠다. 여기서는 소득금액 규모에 따라 소득세와 법인세가 어느 정도 차이가 나는지만 알아보자.

소득금액	개인사업자	법인사업자
1,000만 원	60만 원	100만 원
2,000만 원	192만 원	200만 원
3,000만 원	342만 원	300만 원
5,000만 원	678만 원	500만 원
1억 원	2,010만 원	1,000만 원
3억 원	9,460만 원	4,000만 원

(표) 개인사업자와 법인사업자의 소득세 비교

표에서도 알 수 있듯이 소득금액이 아주 적을 때는 개인사업자가 유리하지만 소득금액이 2,000만 원만 돼도 별 차이가 없다. 소득금액이 늘어날수록 개인사업자가 부담해야 하는 소득세가 법인사업자였을 때보다 엄청나게 많아진다.

처음부터 사업이 잘 돼 소득금액이 소득세가 부담스러울 정도로 많을 가능성은 그리 크지 않다. 소득은 커녕 적자를 보는 경우도 많아 당장은 개인사업자가 더 유리해보일 수도 있다. 하지만 소득금액이 늘어날수록 개인사업자가 불리하므로 무조건 개인사업자가 세금 면에서 유리하다고 생각하면 안 된다. 매출과 순이익 규모를 예상해 개인사업자로 할지, 법인사업자로 할지를 결정하는 것이 바람직하다.

권한과 책임 모두 개인사업자가 더 크다

개인사업자와 법인사업자는 사업에 대한 권한과 책임이 차이가 있다. 개인사업자로 등록하면 기업과 사업자는 한 몸이나 마찬가지다. 반면 법인의 경우 아무리 대표라도 회사를 독단적으로 운영할 수 없다.

예를 들어 사업을 열심히 해 큰 수익을 남겼다고 하자. 개인 기업일 경우 수익 전부를 사업자가 챙긴다고 해도 아무런 문제가 없다. 100원이 남든 1억 원이 남든 모두 사업자의 몫이다. 하지만 법인은 다르다. 법인은 사업에서 발생한 수익을 마음대로 챙길 수 없다. 법인은 주주를 통해 자본을 조달하기 때문에 수익이 나면 적법한 절차를 통해 주주들에게 수익을 배분해야 한다. 절차를 무시하고 수익을 가져가는 행위는 범죄와도 같다.

기업자금을 인출하는 데도 제약이 따른다. 업무와 직접적인 관련이 없는 자금 대여액 중 특수관계자(법인의 대표이사 및 임원과 그 친족, 주주(소액주주는 제외)와 그 친족, 개인사업자의 경우 사업주의 가족 및 친족과 종업원 등이 해당됨)에게 대여한 자금을 '가지급금'이라 한다. 개인 기업은 자유롭게 가지급금을 인출할 수 있으나 법인은 제약이 많다.

예를 들어 외부에서 차입한 자금이 있을 경우 그에 따른 이자는 비용으로 인정된다. 하지만 가지급금이 있으면 이에 상당하는 차입금에 대한 이자는 비용으로 인정받지 못한다. 또한 시중이자율보다 낮거나 무상으로 가지급금을 대여한 경우 인정이자율과 실제로 수령한 이자율과의 차이에 해당하는 금액을 이자수입으로 가산하게 된다. 인정이자율은 법인이 차입한 차입금에 대한 평균이자율인 가중평균차입이자율을 원칙으로 한다. 예외적인 경우 국세청장이 고시하는 당좌대출이자율을 적용하는데 현재 연 4.6%를 적용하고 있다. 위의 이자수입에 대해 가지급금을 대여 받은 자는 배당 또는 상여로 소득에 가산한다.

권한이 크면 책임도 큰 법이다. 개인사업자는 수익 전부를 챙길 수 있는 막강한 권한을 가진 대신 사업과 관련된 모든 책임을 져야 한다. 사업을 하다 보면 부채와 손실이 생길 수도 있는데, 전적으로 이를 책임지는 것 또한 사업자의 몫이다. 이에 비해 법인은 주주가 출자한 지분 한도 내에서 책임을 지기 때문에 기업이 도산해도 사업자의 피해를 최소화할 수 있다.

08
동업할 때는 동업계약서를 작성해야 안전하다

• • •

　강승우 씨는 대학을 졸업한 후 인테리어 업체에서 일했다. 워낙 인테리어 일을 좋아해 열심히 하다 보니 실력을 인정받고, 거래처들도 많이 늘었다. 예전부터 언젠가는 사업을 할 생각으로 거래처와 돈독한 관계를 쌓아왔고, 웬만한 실무는 충분히 경험을 했기 때문에 이만하면 사업을 시작해도 괜찮겠다는 판단이 섰다. 다만 창업자금이 부족해 선뜻 시작하지 못하고 있었는데, 때마침 죽마고우였던 친구가 함께 사업을 하자는 제의를 해왔다.

　더 이상 머뭇거릴 이유가 없었다. 의기투합해 국내 제일의 인테리어 업체를 만들자며 친구와 함께 동업을 시작했다. 그런데 친구와 동업한다고 하니 걱정하는 분들이 많았다.

　"동업하기가 여간 어려운 일이 아니야. 잘 생각해보고 꼭 해야겠다면 동업계약서를 쓰도록 해."

　동업에 실패한 쓰라린 경험을 한 선배가 진심으로 조언했다.

　"동업계약서? 선배도 알다시피 그 친구와 저는 말이 필요 없이 서로를 신뢰하는 사이에요. 괜히 동업계약서 쓰자고 하면 섭섭해 하지 않을까요?"

"친한 사이니까 더 동업계약서가 필요한 거야."

관계를 좋게 유지하기 위해서라도 동업계약서가 필요하다는 말에 마음이 움직였다. 그렇다면 동업계약서는 어디서 구해 어떻게 작성해야 할까?

동업계약서는 사업을 더 잘하기 위한 안전장치

동업을 부정적인 시선으로 바라보는 사람들도 있지만 동업을 잘하면 사업을 하기도 쉽고, 절세에도 큰 도움이 된다. 사업을 시작할 때 가장 큰 걸림돌이 되는 창업자금을 마련하는 것도 수월하고, 사업 초기에 서로 힘이 되어주면서 어려운 시기를 잘 넘어갈 수도 있다.

하지만 사업을 하다 보면 미처 예상치 못한 일들이 수시로 생긴다. 서로 마음이 잘 맞고 깊은 신뢰가 있다면 그때마다 잘 협의해 슬기롭게 일을 처리할 수도 있을 것 같지만 그렇지가 않다. 일단 변수가 생길 때마다 머리를 맞대고 의논하는 것부터 쉬운 일은 아니다. 또 아무리 친한 사이라도 조금씩 생각이나 이해관계가 다르기 마련이다. 자칫 잘못하면 사소한 일에도 오해가 생기고 섭섭한 감정이 생길 수 있다. 작은 구멍이 결국 제방을 무너뜨리는 법이다. 작은 오해와 갈등이 쌓이고 쌓이다 보면 동업을 그만두는 것은 말할 것도 없고, 인간적인 관계까지 끝날 위험이 크다.

사업도 끝나고, 사람도 잃는 불상사를 방지하기 위해서라도 '동업계약서'를 꼭 쓰는 것이 좋다. 동업계약서는 일종의 안전장치이다. 미리 동업을 하면서 분쟁이 일어날만한 사항을 점검하고 어떻게 처리할 것인가를 충분히 협의해놓으면 불필요한 갈등으로 서로 등을 돌릴 필요가 없다.

동업계약서는 가능한 한 구체적인 사항까지 꼼꼼하게 따지는 것이 좋다. 피를 나눈 형제만큼 친한 사이에 소소한 사항까지 따지는 것이 불편할 수도 있지만 괜한 오해와 갈등을 만드는 것보다는 처음에 확실하게 협의하는 것이 좋다. 동업계약서를 작성하는 과정에서 합의점을 찾지 못하고 갈라서는 경우도 적지 않다. 그래도 사업을 시작한 후 생각의 차이로 인한 갈등으로 중도 포기하는 것보다는 낫다.

단, 동업계약서가 모든 문제를 해결해줄 수 있는 것은 아니다. 동업을 하면서 일어날 수 있는 모든 경우의 수를 예상하고 그에 대한 규정을 만들어두기란 불가능하다. 얼마든지 예상치 못했던 상황이 벌어질 수 있다. 이때는 서로에 대한 신뢰와 양보하는 마음을 바탕으로 해결하려는 자세가 필요하다.

동업계약서에 들어가야 할 내용

동업계약서는 사업을 효과적으로 진행하고, 문제가 생겼을 때 순조롭게 해결하기 위한 것이기 때문에 신중하게 작성해야 한다. 동업계약서의 양식은 특별히 정해진 것이 없다. 동업을 하기 위해 필요한 사항을 협의해 작성하면 된다. 동업계약서의 내용은 사업의 특성과 동업하는 사람과의 관계에 따라 달라질 수 있다. 그렇지만 일반적으로 다음과 같은 내용은 꼭 들어가는 것이 좋다.

● 사업범위 및 사업참여권

　가장 기본적이면서도 중요한 내용이다. 사업범위란 말 그대로 함께 하는 사업의 범위를 구체적으로 명시하는 것으로 해당 사업과 관련된 경영, 영업, 마케팅 등의 모든 활동을 의미한다. 사업참여권이란 본 사업에 실제적으로 참여해 업무를 맡고 해당 업무에 대한 책임, 권한 의무, 결정권한 등을 갖는 것을 말한다. 사업범위와 사업참여권은 사업에 대한 권리와 의무와도 같기 때문에 명확하게 규정해놓아야 오해와 분쟁의 소지를 없앨 수 있다.

● 출자금액 및 출자방식

　동업을 하면 동업자 사이에 출자가 있기 마련이다. 흔히 출자라 하면 현금이나 물건, 건물 등만 생각하기 쉬운데, 지식이나 기술도 출자 대상이다. 예를 들어 한 사람은 돈이 있고, 다른 한 사람은 돈은 없지만 그 사업을 하는데 필요한 지식이나 기술을 갖고 있다면 지식이나 기술을 출자해도 된다. 따라서 누가 어떤 재산이나 지식, 기술, 기타 물건을 출자할 것인지를 명시해야 한다.

● 지분율

　지분율은 보통 출자규모를 기준으로 결정한다. 출자를 투자금 형태가 아닌 현물출자로 했을 때는 현물출자의 평가금액을 산정해 지분율을 정한다. 만약 출자한 현물이 중고자산일 경우에는 해당 자산의 시세를 감안해 결정하면 된다.

출자한 형태가 지식이나 기술일 때는 지분율을 산정하기가 까다로울 수 있다. 지식이나 기술은 투자금과 현물출자처럼 정확하게 가치를 계량화할 수 있는 것이 아니기 때문이다. 이때는 더욱 더 서로 존중하며 충분히 협의하고 지분비율을 결정해야 한다.

● 업무분담(경영, 영업, 회계 등)

동업을 할 때는 서로의 역할 분담과 권리를 확실하게 명시해놓아야 한다. 경영, 영업, 회계, 교육 등 업무를 구분하여 각각 누가 책임과 의무를 질 것인지를 분명하게 규정해두어야 추후 분쟁이 일어나지 않는다. 또한 업무를 분담하고 각각의 권한을 존중하며 침범하지 않으려고 노력해야 행복한 동업을 할 수 있다.

● 이익과 손실 배분방식

이익이 났을 때는 물론 손해를 입었을 때 이익이나 손실을 어떻게 분배할 것인지를 정하는 일은 아주 중요하다. 보통 지분율을 근거로 정하지만 개인별 능력이나 기여도에 따라 지분율과는 별도로 손익분배비율을 정하기도 한다. 또한 인센티브 방식을 도입해 더 열심히 일하고 사업을 하는데 더 많이 공헌한 사람에게 이익을 더 많이 배분할 수도 있고, 수익을 모두 배분하지 않고 일정부분을 적립했다가 손실이 발생했을 때 사용하는 등 다양한 방법을 고려할 수도 있다. 어떤 방법이든 여러 가지 경우의 수를 대입해 충분히 점검해보고, 모두 동의할 수 있는 방법이어야 한다.

● 겸업 허용 여부

　동업자들은 서로 상대방의 이익을 훼손시키는 행위를 해서는 안 된다. 예를 들면 동업을 하면서 다른 일을 하느라 사업을 소홀히 해 손해가 나면 신뢰가 깨져 동업을 지속하기가 어렵다. 따라서 동업계약서에 겸업 허용 여부를 분명히 해두어야 한다. 아예 겸업을 금지할 수도 있고, 겸업을 허용하더라도 지역적인 범위나 거래품목 또는 금지하는 기간 등을 구체적으로 정해놓을 수도 있다.

● 계약 해지 및 종료 방법

　동업을 시작하면서 동업을 끝낼 때의 상황을 미리 감안해 규정을 만드는 일은 썩 달갑지 않다. 하지만 동업을 하다 보면 구성원이 탈퇴를 하거나 불가피하게 사업을 끝내야 할 때가 있다. 이런 경우를 대비해 미리 처리방법을 고민해놓지 않으면 다툼이 일어날 소지가 많다. 서로 대화로 합의하면 다행이지만 합의를 보지 못해 결국 법원에 가서 해결하는 경우가 잦다. 당사자끼리 원만하게 합의를 하지 못하고 법원의 중재에 따라 반 강제적으로 합의하면 서로 마음의 상처를 입기 쉽다. 따라서 계약을 해지하고 종료할 때 어떻게 할 것인지를 분명하게 규정해놓는 것이 바람직하다.

09
개인사업자를 법인사업자로 바꾸는 방법 세 가지

• • •

　소규모로 사업을 시작하는 분들은 대부분 개인사업자를 선호하는 경향이 있다. 박승구 씨도 그랬다. 온라인에서 사무용 소모품을 판매하는 사업을 시작할 때만 해도 이렇게 빠른 속도로 매출이 늘어날 줄 미처 몰랐다. 최소한 몇 년 간은 고생할 줄 알았는데, 1년도 채 안 된 시점부터 매출이 늘기 시작하더니 2년째부터는 사업을 확장하지 않으면 감당이 안 될 정도로 매출이 커졌다.

　더 이상 개인사업자로는 절세를 하기도 어렵고, 사업을 확장하는 데도 한계가 있어 법인사업자로 전환하기로 결정했다. 법인사업자로 바꾸면 아무래도 경영합리화를 추구하고 위험을 분산하기도 좋고, 대외 신용도를 높이고, 자금을 조달하기도 쉬우니 여러 모로 법인사업자가 유리하다고 판단했기 때문이다.

　그런데 막상 법인사업자로 전환하려고 하니 어떻게 하는 것이 좋은지 잘 모르겠다. 여러 가지 방법이 있는데, 어떤 방법이 가장 좋은지 판단이 서지 않는다. 현재 운영 중인 개인사업자를 아예 없애고 새로 법인사업자를 설립하는 것이 좋은지, 아니면 법인을 설립하고 개인 기업을 양수하는 것이 좋은지, 그것도 아니면 개인 기업을 현물처럼 법인에 출자하는 것이 좋은지 모르겠다. 각각 저마다 장단점이 있어 결정하기가 더욱 어렵다. 어떻게 하는 것이 좋을까?

개인사업자 폐업 후 새로 법인 설립하기

가장 간단하면서도 쉬운 방법이다. 주로 개인사업자의 재고자산이나 고정자산이 별로 없고 개인사업자의 실적이 신설되는 사업유지에 크게 영향이 없을 경우에는 이 방법을 고려해볼만하다. 따라서 박승구 씨처럼 개인사업자가 잘 돼 재고자산도 많고, 사업을 하는 동안 기업 브랜드 인지도가 어느 정도 높아진 상태에서는 썩 추천할만한 방법은 아니다. 개인사업자로 쌓은 인지도를 포기하고 새로 원점에서 시작해야 하는 방법이기 때문이다.

개인사업자를 폐업하고 법인을 설립하는 절차는 다음과 같다. 우선 개인사업자를 폐업해야 한다. 폐업을 하려면 폐업신고서, 사업자등록증을 준비해 관할 세무서에 제출하면 된다. 단 폐업을 할 때는 부가세와 소득세를 깔끔하게 처리해야 뒤탈이 없어 법인으로 전환한 후 안심하고 사업을 할 수 있다.

폐업할 때 부가세와 소득세 처리방법

부가세는 폐업일까지의 실적을 폐업일이 속한 달의 다음달 25일까지 신고·납부해야 한다. 이때 남아있는 재화나 감가상각자산은 개인사업자 자신이 법인사업자인 자신에게 공급한 것으로 본다. 따라서 당시 시가를 기준으로 한 공급가액을 매출세액으로 계산해야 한다.

부가세와 함께 소득세도 처리해야 한다. 원래 소득세는 소득이 발생한 이듬해 5월에 납부하는 것인데, 개인사업자일 때의 소득과 법인으로 전환한 후의 소득을 합쳐서 신고할 수 없다. 개인사업자 폐업일까지의 소득세를 계산해 따로 내야 한다. 소득세는 이듬해 5월 31일까지 신고·납부하면 된다.

개인사업자 폐업 처리를 마치면 본격적으로 법인 설립 절차를 밟으면 된다. 우선 발기인을 구성해야 하는데, 발기인은 1인 이상이면 된다. 각 발기인들은 1주 이상의 주식을 인수해야 한다.

발기인을 구성한 후에는 정관을 작성하고 공증을 받는다. 정관이란 법인의 조직 및 운영활동을 정한 기본규칙이다. 일반적으로 ① 사업 목적 ② 상호 ③ 회사가 발행할 총주식수 ④ 1주의 금액 ⑤ 회사설립 시 발행하는 주식의 총수 ⑥ 본점 소재지 ⑦ 회사의 공고방법 ⑧ 발기인의 성명과 주소, 주민등록번호에 관한 사항 등을 반드시 기재해야 한다. 이 정관은 공증을 받아야 법적 효력을 갖는다. 다만 자본금 10억 원 미만인 회사를 발기설립하는 경우에는 공증인의 공증을 받을 필요없이 각 발기인이 정관에 기명날인 또는 서명함으로써 효력이 생긴다.

정관 외에도 법인을 설립하는 데 필요한 서류들이 많다. 필요한 서류를 갖춰 법인설립등기 신청을 하면 되는데, 절차가 복잡해 직접 하는 것보다는 법무사에게 의뢰하는 것이 편하다. 법인설립에 필요한 서류는 다음과 같다.

① 정관
② 주식인수증
③ 주식청약서(모집설립시의 경우에 한함)
④ 주식발행사항 동의서
⑤ 이사 · 감사의 조사보고서 또는 검사인 등의 조사보고서와 그 부속서류
⑥ 검사인의 조사보고에 관한 재판서 등본(검사인 선임의 경우에 한함)
⑦ 발기인총회 의사록(발기설립의 경우 이사 · 감사 선임의사록에 한함)
⑧ 창립총회 의사록(모집설립의 경우에 한함)
⑨ 이사회 의사록 (대표이사 선임 의사록에 한함)
⑩ 주금납입 보관증명서(자본금 10억 미만인 경우 잔고증명서로 대체 가능)
⑪ 명의개서 대리인을 둔 경우에는 계약 증명서류
⑫ 이사 · 감사 · 대표이사의 취임승낙서
⑬ 기타
 – 회사설립에 관청의 허가가 필요한 경우 : 관청의 허가서
 – 대리인에 의하여 신청하는 경우 : 대리권을 증명하는 위임장
 – 이사의 인감증명(주식회사의 경우 이사의 도장은 상업등기소에 인감등록이 되어야 한다. 따라서 주식회사의 등기신청서에 날인하는 이사의 도장은 이 신고된 인감이어야 하며, 등기신청인인 이사 전원은 설립등기를 신청하기 전이나 적어도 그와 동시에 그 인감계를 제출해야 한다.)
 – 소정의 등록세를 납부한 영수필 확인서, 주택채권을 매입한 증명서

명의개서 대리인이란?

명의개서란 기명주식의 양도로 주주가 바뀌었을 때 양수인을 주주로 주주명부에 기재하는 것을 말한다. 명의개서는 발행회사 본점에서 하는 것이 원칙이지만 법인이 성장하면서 주주가 많아지고 주권발행을 비롯한 주식 관련 업무가 많아지면 전문기관에 명의개서 업무를 의뢰할 수 있다. 이때 전문기관을 명의개서 대리인이라 하며 명의개서뿐만 아니라 회사의 주식 및 사채에 관련된 모든 업무를 대행한다.

법인 설립하고 개인사업자 양수하기

법인을 설립하고 기존의 개인사업자의 모든 자산과 부채를 포괄적으로 양도하는 방식이다. 이 방법은 개인사업자로 쌓은 실적과 브랜드 가치를 그대로 유지할 수 있다는 장점을 지닌다. 보통 재고자산과 기계설비 및 부동산 등이 많고, 이를 담보로 한 부채가 많지 않거나 채권자로부터 채무자의 명의변경이 쉬울 때 적합한 방식이다.

절차는 간단한 편이다. 다만 개인사업자 재산을 정확하게 파악하고 사업 양수·양도 계약서를 사실과 일치하도록 작성해야 한다. 개인사업자가 법인의 발기인이 되어 개인사업자 순자산가액보다 많은 금액을 출자하고 법인 설립일부터 3개월 이내에 모든 권리와 의무를 포괄적으로 양도하면 된다.

개인사업자를 법인으로 전환할 때는 부동산이나 설비 등을 법인 명의로 이전해야 하는데, 원칙적으로는 명의이전을 할 때 세금을 내야 한다. 즉 부동산을 법인으로 이전할 때는 양도소득세를, 설비 등을 이전할 때는 부가세가 부과된다. 하지만 개인사업자의 자산과 부채를 포괄적으로 양수, 양도할 때는 개인사업자의 자산을 재화의 공급으로 보지 않기 때문에 부가세를 내지 않아도 된다.

양도세의 경우에는 법인으로 이전하는 시점에서는 과세하지 않고 이월과세를 한다. 이월과세란 현물출자나 사업양도·양수에 의해 개인사업자를 법인으로 전환하면서 사업용 고정자산을 법인 명의로 이전할 때 양도세를 과세하지 않고, 나중에 자산을 처분할 때 과세하는 것을 말한다.

현물출자 방식으로 법인 설립하기

개인기업의 사업용 고정자산을 법인에 현물출자 하는 방식으로 법인전환을 할 수도 있다. 법인을 설립할 때 현물출자를 할 수 있는 사람은 발기인에 한하므로 개인사업자 대표가 법인 설립의 발기인이 되어야 한다. 현물출자가액은 임의로 산정할 수 없다. 법원이 선임한 검사인의 검사를 거쳐 현물출자가액을 확정한다. 현물출자방식에 의해 법인을 설립했을 때는 양도소득세가 이월과세되고, 취득세와 등록세가 면제된다. 단, 진행하는 사업 중 하나의 사업장을 분할해 그 중 일부만 법인으로 전환할 때는 이러한 세금 감면을 받지 못한다.

이 방식은 개인사업자의 재고자산이나 고정자산이 많고 이를 담보로 한 채무가 많고 복잡해 채권자들이 채무자의 명의변경을 쉽게 동의해주지 않을 때 적합하다. 하지만 절차가 복잡하고 시간이 오래 걸리는 단점이 있다.

10
일반과세자와 면세사업자 모두에 해당된다면?

•••

김준호 씨는 2년 전 디자인 기획사를 차렸다. 광고 디자인, 브로셔, 홍보 책자 등을 주로 만들었는데, 열심히 일한 덕분에 한 번 거래한 업체들이 꾸준히 일을 의뢰하고, 그들의 소개로 새로운 거래처도 늘어 제법 회사 규모가 커졌다.

그러던 중 거래처의 제안으로 단행본을 제작하게 되었다. 처음에는 무가지로 만들어 홍보용으로 배포하려고 했는데, 내용이 워낙 좋고 이후 단행본으로 만들 만한 좋은 콘텐츠들이 많아 정식으로 출판 사업을 하기로 결정했다.

문제는 디자인 기획사는 일반과세자인데, 출판은 면세사업자에 해당한다는 것이었다. 처음 디자인기획사를 차릴 때 일반과세자로 사업자등록을 한 상태인데, 출판을 하려면 면세사업자로 다시 사업자등록을 해야 하는 것인지 혼란스럽다. 또 지금까지는 일반과세자라 세금계산서를 끊었는데, 면세사업자로 등록하면 세금계산서가 아닌 계산서를 끊어야 한다는 소리도 들린다. 생각보다 복잡해 면세사업을 포기하고 싶은 마음이 들 정도다. 일반과세와 면세 사업을 함께 하기가 그렇게 복잡하고 어려운 것일까?

사업자등록 정정으로 과세/면세 병행 가능

 김준호 씨처럼 사업을 하다보면 사업을 확장해야 할 경우가 많이 생긴다. 과세유형이 동일할 때는 사업자등록에 새로 시작할 사업을 추가해 사업자등록증을 정정하면 된다.

 과세유형이 다른 사업을 할 때도 마찬가지다. 새로 사업자등록을 낼 필요 없이 사업자등록 정정 신고서를 제출하면 과세와 면세 사업을 병행할 수 있다. 단 일반과세자로 사업자등록을 냈다가 면세사업을 추가할 때와 면세사업자로 사업자등록을 냈다가 과세 사업을 추가할 때의 결과는 조금 다르다.

 부가세를 내는 과세사업과 면세 사업을 함께 할 때는 부가세법에 의한 사업자등록만 하면 된다. 즉 일반과세자로 먼저 등록한 경우 새로 확장하는 면세 사업 종목을 추가하면 끝난다. 이 경우 사업자등록번호는 그대로 유지한 채 면세 사업과 관련한 업태와 종목만 기존 사업자등록증에 추가된다.

 면세사업자로 사업자등록을 먼저 내고 후에 과세 사업을 할 때도 사업자등록 정정 신고를 해 과세와 면세 사업을 병행할 수 있다. 다만 이때는 사업자등록번호가 부가세 과세사업자로 변경된다.

 **Tip**

사업자등록증 정정은 언제 해야 할까?

사업자등록을 낸 후 다른 유형의 사업을 추가할 때는 사업자등록증을 정정해야 한다. 사업자등록을 정정하는 방법은 간단하다. 사업자등록 정정 신고서를 작성한 뒤 기존의 사업자등록증을 첨부해 관할 세무서에 제출하면 된다.

사업 내용이 바뀌었는데도 정정신고를 하지 않으면 불이익을 당할 수 있다. 예를 들어 면세 사업을 하다 과세 사업을 추가하면 세금계산서를 발행해야 하는데, 면세사업자는 세금계산서를 발행할 수 없다. 과세 매출에 대해 세금계산서를 끊지 않았다가 발각되면 세금계산서 미발행에 대한 가산세를 물게 된다. 따라서 사업의 내용이 바뀌면 꼭 정정신고를 하는 것이 원칙이다. 사업자등록을 정정해야 할 경우는 다음과 같다.

① 상호를 변경할 때
② 사업의 종류를 변경하거나 새로운 사업의 종류를 추가할 때
③ 사업장을 이전할 때(이때는 이전 후 사업장 관할 세무서에 정정신고서 제출)
④ 상속으로 사업자의 명의가 변경될 때
⑤ 공동사업자의 구성원 또는 출자지분의 변경이 있는 때
⑥ 법인의 대표자를 변경할 때

11
온라인 쇼핑몰, 통신판매업 신고를 해야 할까?

● ● ●

안연경 씨는 10년 동안 안경점에서 일하면서 쌓은 노하우를 바탕으로 온라인에서 안경 쇼핑몰을 운영할 계획이다. 오프라인에서 매장을 열려면 돈이 너무 많이 든다. 매장을 얻는 데도 꽤 많은 돈이 들고, 매장에 진열할 안경을 준비하는 데도 자금이 필요하다. 반면 온라인 쇼핑몰은 매장이 필요 없고, 고객이 주문을 했을 때 안경 제조업체에서 물건을 받아오면 재고 부담도 없어 여러 모로 유리하다.

장기적으로는 개인 쇼핑몰을 만들어 운영할 계획이지만 당장 쇼핑몰을 구축한 자금이 넉넉지 않아 G마켓, 옥션, 11번가, 인터파크와 같은 오픈마켓에 입점해 안경을 팔 예정이다. 그런데 오픈마켓에 입점하려고 하니 통신판매업 신고증을 요구한다. 직접 쇼핑몰을 운영하는 것이 아니어서 사업자등록만 있으면 될 줄 알았는데, 통신판매업 신고라니 어안이 벙벙하다.

어쩔 수 없이 통신판매업 신고를 하려고 하니 이번에는 '구매안전 서비스 이용 확인증'을 가져오라고 한다. 사업자등록은 비교적 간단했는데, 통신판매업 신고는 뭐가 그리 복잡한지 혼란스럽기만 하다. 대체 통신판매업 신고는 어떻게 하는 것일까? 또 한 번만 통신판매업 신고를 하면 오픈마켓 어디에서나 물건을 팔 수 있는 것일까?

사업자등록증과 구매안전 서비스 확인증 필요

통신판매업이란 말 그대로 통신에 의해 주문을 받고, 주문받은 상품을 택배와 같은 방식으로 고객에게 배송하는 것을 말한다. 오프라인 매장에서는 고객이 직접 물건을 보고 값을 지불한 다음 물건을 받기 때문에 거래과정이 비교적 투명하다. 하지만 온라인 쇼핑몰은 다르다. 온라인상으로 물건을 보고 먼저 결제한 다음 1~2일 기다려 물건을 받기 때문에 신뢰가 필요하다. 그래서 소비자들이 안심하고 물건을 구매할 수 있도록 통신판매업 신고를 할 것을 의무화했다. 대표적인 통신판매업은 인터넷 쇼핑몰처럼 인터넷을 통해 판매를 하는 것이지만 전기통신, 우편, 신문, 잡지 등의 매체를 통해 광고를 하고 상품이나 용역을 제공하는 업종은 모두 통신판매업에 속한다.

통신판매업 신고를 하려면 먼저 사업자등록 신청부터 해야 한다. 여기에 '구매안전 서비스 확인증'이 더 필요하다. 예전에는 사업자등록증만 있으면 통신판매업 신고를 할 수 있었으나 온라인으로 물건을 주문하고 물건을 받지 못하는 피해자들이 늘어남에 따라 일종의 안전장치를 마련한 것이다. 2012년 8월 18일부터 구매안전 서비스 확인증 제출을 의무화하고 있다.

오픈마켓에 입점하는 경우에는 판매자 딜러를 신청하면 '구매안전 서비스 확인증'을 발급받을 수 있다. 각 오픈마켓 홈페이지에 가면 판매자들을 위한 코너가 있는데, 이곳에서 구매안전 서비스 확인증을 신청하면 된다.

개인 쇼핑몰을 운영할 예정이라면 좀 더 수고를 해야 한다. 구매안전 서비스인 에스크로에 가입해야 구매안전 서비스 확인증을 받을 수 있다. 구매안전 서비스란 5만 원 이상의 물품을 전자상거래나 통신판매를 통해 판매할 때 의무적으로 가입해야 하는 제도이다. 이 제도는 결제 후 상품의 배송과정에서 발송할 수 있는 거래 사고 등을 방지하기 위해 제3자가 결제대금을 예치하고 있다가 소비자가 상품을 받은 뒤 판매자에서 대금을 건네주는 방식이다.

결제대행사(PG; Payment Gateway)를 이용하지 않을 때는 은행에서 직접 에스크로 서비스를 신청해야 한다. 국민, 우리, 기업, 농협 등 대부분의 은행에서 에스크로 서비스를 운영 중이다. 기업 인터넷 뱅킹을 신청해 기업 공인인증서를 발급받으면 '구매안전 서비스 확인증'을 발급해준다.

결제대행사(PG; Payment Gateway)를 이용할 때는 대부분 결제대행사를 통해 에스크로 서비스를 신청한다. 결제대행사는 이니시스, LGU+, KCP, 올앳, 올더게이트 등 여러 곳이 있는데, 가장 안전하고 서비스가 좋은 결제대행사를 선택한 후 구매안전 서비스 확인증을 받으면 된다.

사업자등록증과 구매안전 서비스 확인증이 준비되면 통신판매업 신고를 한다. 통신판매업 신고는 사업장 소재 관할 시, 군, 구청 지역경제과에서 하거나 인터넷 정부24 사이트(www.gov.kr)에서 하면 된다. 통신판매업 신고서는 시, 군, 구청 지역경제과에 비치되어 있다. 통신판매업 신고는 좀 번거롭기는 해도 한 번만 하면 오픈마켓 판매를 더 늘리거나 개인 쇼핑몰을 운영해도 또 다시 신고를 할 필요가 없다.

● **통신판매업 신고 장소** : 사업장 소재 관할 시, 군, 구청 지역경제과 혹은 인터넷 정부 24 사이트(www.gov.kr)
● **통신판매업 신고 비용** : 40,500원(면허분 등록면허세)
　　　　　　　　　　　　간이사업자: 12,000원(지역 무관)
● **준비해야 할 서류** : 통신판매업 신고서, 사업자등록증, 법인등기부 등본 1부(법인에 한함), 신분증, 도장, 구매안전 서비스 확인증

간이과세자도 통신판매업 신고해야 할까?

2020년 7월 29일 전자상거래법이 개정되어 간이과세자의 경우 통신판매업 신고를 할 의무가 없어졌다. 또한 직전연도 거래횟수가 50회 미만인 경우에는 통신판매업 신고를 하지 않아도 된다. 하지만 오픈마켓에 입점하려고 하는 경우 사업자의 통신판매업신고증을 제출해야 입점이 가능한 경우가 있어 이런 경우에는 통신판매업신고를 할 수 밖에 없다. 따라서 운영하고자 하는 쇼핑몰의 규정을 먼저 확인하는 것이 필요하다.

12
온라인에서 해외구매대행을 할 계획이라면?

•••

　창업 준비를 하던 김영철 씨는 고민 끝에 온라인에서 해외구매대행을 하기로 결정했다. 해외직구가 많이 늘긴 했지만 개인적으로 하려면 번거로워 해외구매대행 업체를 이용하는 사람들이 늘고 있다고 판단했기 때문이다.

　창업 아이템은 건강보조식품. 친척들이 미국에 많이 살고 있어 수급도 어렵지 않고, 건강보조식품에 대한 관심이 워낙 많으니 꾸준히 하면 좋은 결과를 기대할 수 있을 것 같다.

　그런데 막상 사업자등록을 하려고 하니 어떤 업종으로 해야 하는지 혼란스럽다. 어떻게 신고하느냐에 따라 내야 할 세금이 달라진다는데, 어떻게 해야 할까?

해외구매대행업으로 신고 필수

　코로나19로 온라인 쇼핑몰을 이용하는 사람들이 대폭 늘었다. 해외구매대행도 마찬가지다. 예전처럼 자유롭게 해외여행을 할 수 없는 상황에서 대신 해외에서 판매하는 상품을 구매해주는 해외구매대행도 꾸준히 증가하고 있다.

　이 해외구매대행은 일반적인 도소매업과는 다르다. 도소매업이 상품을 매입해 판매하는 것이라면 해외구매대행은 단순히 소비자를 대신해 구매를 대행해주고 수수료를 받는 서비스 업종이다. 이 점을 분명히 구분하지 않으면 매출액을 신고할 때 큰 곤욕을 치를 수 있다.

　실제로 해외구매대행을 하는 사업자들 중 신고한 매출액과 국세청에서 집계한 매출액이 달라 국세청으로부터 소명을 요청받은 분들이 많다. 일반적인 온라인 쇼핑몰의 경우 사이트에서 판매한 금액이 모두 매출액이다. 하지만 해외구매대행의 경우 구매 대행 수수료만 매출이 되는 것이 맞다. 그런데 업종을 분명히 신고하지 않으면 국세청에서 온라인 쇼핑몰처럼 사이트에서 판매한 총 금액을 매출로 잡는다.

　물론 해외에서 구입한 제품 비용이나 배송비는 비용 처리를 할 수 있어 종합소득세는 큰 문제가 없다. 하지만 부가세는 다르다. 해외에서 구입한 제품이나 해외 배송비는 세금계산서를 받기 어렵다. 따라서 부가세를 신고할 때 매출액 전체의 10%를 납부해야 하는 부담이 생긴다.

　예를 들어보자. 상품가격이 10만 원이고 해외구입비 및 배송비가 8만 원이었다면 대행수수료인 2만 원에 대한 10%, 즉 2천 원을 부가세로 신고하면 된다. 그런데 해외구입비 및 배송비에 대한 맹입 세금계산서를 받지 못하면 10만 원 전체에 대한 10%, 즉 1만 원을 부가세로 내야 한다. 이런 불상사를 막으려면 사업자등록을 할 때 해외구매대행업으로 등록해야 한다.

해외구매대행업으로 인정받으려면 조건을 갖춰야

사업자등록을 할 때 온라인 쇼핑몰은 통신판매업/전자상거래 소매업으로 사업자등록을 한다. 2019년 이전에는 해외구매대행업에 대해 정해진 업종코드가 없어 온라인 쇼핑몰처럼 통신판매업/전자상거래로 등록하는 일이 많았지만 다행히 2020년부터는 '통신판매업/해외직구대행업'에 대한 업종코드가 부여되었다.

다만 해외구매대행업으로 인정받기 위해서는 다음과 같은 몇 가지 요건을 갖추어야 한다.

① 해외 물품이 국내 통관될 때 국내 구매자 명의로 통관되어 구매자에게 직배송될 것
② 국내에 창고 등의 보관 장소가 없고, 별도로 재고를 보유하지 않을 것
③ 판매 사이트에 해외구매대행임을 명시할 것
④ 주문 건별로 구매대행 수수료를 산출하고, 해당 산출근거 및 증빙들을 보관할 것

요건이 까다롭기는 하지만 해외구매대행업으로 등록해야 사이트에서 판매한 금액 전체가 아닌 수수료에 해당하는 금액만 부가세를 신고할 수

있으므로 신경 써야 한다. 단 수수료를 매출로 산정했기 때문에 해외에서 물건을 구입하거나 이를 배송하는 데 쓴 비용은 비용으로 처리해서는 안 된다. 이미 수수료를 산정할 때 비용으로 처리된 것이므로 중복되기 때문이다.

Part 2.

수입과 지출 꼼꼼하게 챙기면 절세가 보인다

01
간편장부 대상자, 간편장부를 써야 돈 번다

● ● ●

    디자인 기획사를 운영하는 김영광 씨. 거창하게 디자인 기획사란 이름을 붙였지만 사실 1인 기업이다. 혼자서 디자인을 의뢰받아 작업해주고 돈을 받는데, 거래처들이 세금계산서를 끊어 달라고 해 엉겁결에 사업자등록을 했다. 고정 거래처들이 있기는 하지만 거래처 역시 규모가 작아 1년 매출 규모는 3,000만 원을 채 넘지 않는 수준이다.

    연매출이 4,800만 원이 넘지 않으면 단순경비율이나 기준경비율이라는 제도에 의해 별도로 장부를 기장하지 않아도 매출액의 일정 금액을 경비로 인정해준다고 했다. 실제로 첫해 사업을 하고 다음해 소득신고를 해보니, 디자인 서비스 업종의 단순경비율이 약 70%이어서 매출의 70%를 비용으로 인정받을 수 있었다.

    장부를 쓰지 않고도 경비를 인정받으니 그렇게 편할 수가 없었다. 매출도 얼마 되지 않는데 매일 장부를 쓰는 것도 흥이 나지 않고, 귀찮기도 해 사업 2년차에도 여전히 장부를 쓰지 않았다.

    그런데 올해 두 번째 종합소득세 신고를 앞두고 국세청에서 안내문이 왔는데

'간편장부 대상자'에 해당한다는 내용이 있었다. 사업을 하면 장부를 기재해야 한다는 얘기는 들었는데, 간편장부라는 말은 처음 들었다. 대체 간편장부는 뭐고, 간편장부 대상자는 뭘까?

간편장부 대상자와 복식부기 대상자

　사업을 할 때 얼마를 벌었고, 얼마를 지출했는지를 기록해두는 일은 아주 중요하다. 그래야 정확한 예산을 잡을 수도 있고, 불필요하게 낭비되는 돈을 줄일 수가 있기 때문이다. 기업들이 별도로 회계팀이나 총무팀을 두고 꼼꼼하게 장부를 작성하는 이유가 여기에 있다.

　하지만 소규모 사업자들이 제대로 장부를 작성하기는 결코 쉽지 않다. 매출과 매입은 물론 차변, 대변, 대차대조 등을 정확하게 기입해야 하는데, 회계지식이 없으면 엄두도 내기 어렵다. 물론 세무사에게 기장을 맡기면 이런 걱정을 할 필요가 없다. 하지만 아무리 매출이 적어도 기장 수수료가 최소 10만 원 이상인 경우가 많기 때문에 사업 초기에는 이마저도 큰 부담이 될 수 있다.

　다행히 소규모 사업자들의 이런 고충을 이해해 국세청에서 '간편장부'를 만들었다. 간편장부는 말 그대로 소규모 사업자들이 쉽게 쓸 수 있는 장부이다. 날짜, 거래내용, 거래처, 비용, 고정자산 증감 등 꼭 필요한 항목만 기재하도록 되어 있기 때문에 회계지식이 없는 사람도 누구나 손쉽게 쓸 수 있다.

　간편장부는 국세청이 정한 간편장부 대상자만 사용할 수 있다. 간편장부 대상자는 당해연도에 새로 사업을 시작한 사람이거나 직전년도 수입금액(매출액)이 아래에 해당하는 사업자에 한한다. 이 외는 모두 복식부기 대상자에 포함된다.

업종	간편장부	복식부기
가. 농업·임업 및 어업, 광업, 도매 및 소매업(상품중개업 제외), 부동산매매업, 그 밖의 '나' 및 '다'에 해당하지 않은 사업	3억 원 미만	3억 원 이상
나. 제조업, 숙박 및 음식점업, 전기·가스·증기 및 수도사업, 하수·폐기물처리·원료재생업, 건설업(비주거용 건물 건설업 제외), 부동산 개발 및 공급업(주거용 건물 개발 및 공급업에 한정), 운수업 및 창고업, 정보통신업, 금융 및 보험업, 상품중개업	1억 5,000만 원 미만	1억 5,000만 원 이상
다. 부동산 임대업, 부동산업(부동산매매업 제외), 전문·과학·기술 서비스업, 사업시설관리·사업지원 및 임대 서비스업, 교육 서비스업, 보건업 및 사회복지 서비스업, 예술·스포츠 및 여가관련 서비스업, 협회 및 단체, 수리 및 기타 개인 서비스업, 가구내 고용활동	7,500만 원 미만	7,500만 원 이상

(표) 간편장부 대상자와 복식부기 대상자 구분(직전연도 수입금액 기준)

　이처럼 간편장부 대상자는 업종별로 매출이 얼마인가에 따라 결정된다. 하지만 다음과 같은 전문직 사업자는 위 기준에 상관없이 의무적으로 복식부기를 해야 하는 대상자들이다.

> **부가세 간이과세 배제 대상 사업서비스**
> – 변호사, 심판변론인, 변리사, 법무사, 공인회계사, 세무사, 경영지도사, 기술지도사, 감정평가사, 손해사정인, 통관업, 기술사, 건축사, 도선사, 측량사, 공인노무사
>
> **의료 · 보건용역을 제공하는 자**
> – 의사, 치과의사, 한의사, 수의사, 약사, 한약사

간편장부 대상자가 간편장부를 안 쓰면 어떤 불이익이 있을까?

간편장부 대상자인데도 모르고 간편장부를 쓰지 않고 세월을 보내다 종합소득세를 신고할 때가 되어서야 당황해하는 분들이 많다. 간편장부 대상자가 간편장부를 기장하지 않으면 억울하게 소득세를 많이 낼 수 있다. 소득세는 스스로 기장한 실제 소득에 따라 계산하는 것이어서 적자가 났을 경우 그 손실분을 향후 10년간 소득금액에서 공제할 수 있다. 그런데 간편장부를 기장하지 않으면 적자를 증명할 길이 없다.

디자인 기획사를 운영하는 김영광 씨의 경우 지난해 매출이 2,800만 원이어서 간편장부 대상자가 되었고, 올 매출은 작년보다 배가 넘는 5,000만 원이지만 실제로 번 돈은 없다. 경기가 극도로 침체돼 거래처들이 디자인 단가를 깎은 데다 인쇄사고가 나면서 제작비가 배로 들어간 경우가 몇 차례 있었기 때문이다. 장부를 쓰지 않아 정확히 얼마가 적자가 난 줄은 모르겠지만 어림잡아 1,000만 원 이상은 손해를 본 것 같다. 하지만 간편장

부를 쓰지 않았기 때문에 손실분을 보상받을 수 없다.

간편장부 대상자인 김영광 씨가 간편장부를 쓰지 않으면 기준경비율에 의해 경비를 인정받을 수는 있다. 하지만 단순경비율에 비하면 경비로 인정받는 비율이 아주 낮다. 업종에 따라 조금씩 차이가 있기는 하지만 같은 업종일 경우 단순경비율과 기준경비율은 약 3배가량 차이가 난다. 예를 들어 디자인 기획사의 경우 단순경비율이 75.6%인데, 기준 경비율은 24.6%에 불과하다. 따라서 기준경비율을 적용해도 5,000만 원의 24.6%인 1,230만 원 밖에 경비를 인정받지 못한다. 실제로는 적자인데도 간편장부를 쓰지 않아 5,000만 원-1,230만 원=3,770만 원에 해당하는 소득세를 물게 된다. 뿐만 아니라 내년부터는 무기장 가산세 대상이 되어 장부를 쓰지 않으면 소득세의 20%를 무기장 가산세로 덧붙여 내야 한다.

간편장부 대상자가 복식부기를 하면 기장세액공제 20% 절세

2010년 귀속 소득세 신고를 할 때만 해도 간편장부 대상자가 간편장부로 기장, 신고하면 기장세액공제로 소득세의 20%를 공제해주었다. 하지만 2011년 귀속부터는 폐지되어 이 혜택을 볼 수 없다. 대신 간편장부 대상자가 복식부기로 기장, 신고하는 경우에는 기장세액공제 20%를 해준다. 매출이 점점 늘어 곧 복식부기 대상자로 가야 할 경우 미리 복식부기에 익숙해지는 것이 좋을 듯하다.

반대로 복식부기 대상자가 간편장부를 사용하거나 추계에 의해 신고하면 무신고 가산세(산출세액의 20%와 수입금액의 7/10,000중 큰 금액, 부정무신고는 40%와 14/10,000 중 큰 금액)를 부담해야 한다.

업종	기준경비율 대상	무기장 가산세 대상
가. 농업·임업 및 어업, 광업, 도매 및 소매업(상품중개업 제외), 부동산매매업, 그 밖의 '나' 및 '다'에 해당하지 않은 사업	6,000만 원 이상	업종 구분없이 4,800만 원 이상
나. 제조업, 숙박 및 음식점업, 전기·가스·증기 및 수도사업, 하수·폐기물처리·원료재생업, 건설업(비주거용 건물 건설업 제외), 부동산 개발 및 공급업(주거용 건물 개발 및 공급업에 한정), 운수업 및 창고업, 정보통신업, 금융 및 보험업, 상품중개업	3,600만 원 이상	
다. 부동산 임대업, 부동산업(부동산매매업 제외), 전문·과학·기술 서비스업, 사업시설관리·사업지원 및 임대 서비스업, 교육 서비스업, 보건업 및 사회복지 서비스업, 예술·스포츠 및 여가관련 서비스업, 협회 및 단체, 수리 및 기타 개인 서비스업, 가구내 고용활동	2,400만 원 이상	

* 신규 사업자의 당해연도 수입금액이 복식부기 의무자에 해당하는 경우 기준경비율 적용

(표) 간편장부를 쓰지 않은 간편장부 대상자 중 기준경비율과 무기장 가산세 대상
(직전연도 수입금액 기준)

02
세금계산서, 계산서, 영수증을 챙기는 데도 원칙이 있다

•••

　작년에 사업을 시작한 초보사장 홍제동 씨. 사업을 시작하면서 귀에 못이 박히도록 들은 이야기가 영수증을 잘 챙겨야 한다는 것이었다. 영수증을 많이 챙길수록 세금을 적게 낸다고 해 그동안 정말 열심히 영수증을 챙겼다. 거래처와 식사를 하면 꼭 영수증을 받았고, 현금이 있어도 웬만하면 신용카드를 썼다. 신용카드는 별도로 영수증을 받지 않아도 내역이 확실하게 증명이 되기 때문에 지출을 증명하는데 더 유리하다는 조언을 누군가에게 들은 적이 있기 때문이다.
　그런데 몇 달 후 세무사에게 그동안 모은 영수증을 보냈더니 난감해하며 전화를 했다.
　"사장님. 영수증을 잘못 챙기신 게 많아 나중에 소득세 내실 때 문제가 생길 것 같네요."
　"그게 무슨 소리에요?"
　"사장님이 받으신 영수증이 대부분 간이 영수증인데, 간이 영수증은 3만 원까지만 인정받을 수 있어요."

번거로워도 꼭 참고 영수증을 챙긴 보람도 없이 그 동안 모은 영수증이 무용지물이라니 화가 났다. 미리 알려주지 않은 세무사도 괜히 미웠다. 하지만 뒤늦게 후회한들 소용이 없다. 지금부터라도 정신 차리고 제대로 지출을 증명할 수 있는 증빙서류를 갖추는 수밖에.

비용으로 인정받을 수 있는 증빙서류의 조건

홍제동 씨의 예에서도 알 수 있듯이 비용을 인정받으려면 제대로 증빙서류의 조건을 갖춰야 한다. 일반적으로 비용을 인정받을 수 있는 증빙서류로는 세금계산서, 계산서, 신용카드, 현금영수증, 간이영수증 등을 들 수 있다. 각각의 증빙서류로는 그 자체로 완벽한 증빙서류가 되는 것들도 있지만 일정한 조건을 갖추어야 비로소 증빙서류 역할을 할 수 있는 것도 있다.

1. 간이영수증은 3만 원까지 인정된다

간이영수증은 3만 원까지만 증빙서류로 인정받을 수 있다. 3만 원이 넘어가면 간이영수증이 증빙서류로서 역할을 하지 못하므로 2%의 증빙불비가산세를 내야 한다. 비용으로 인정은 받을 수 있지만 해당 금액의 2%를 벌금으로 물어야 한다는 얘기다. 따라서 3만 원이 넘어가면 현금영수증이나 신용카드로 결제하는 것이 안전하고, 그럴 여건이 되지 않는다면 간이영수증을 3만 원 이하로 나눠 받는 것이 좋다.

2. 현금영수증을 받을 때는 지출증빙용으로 발급받아야 한다

현금영수증은 개인은 소득공제를 위해 받고, 사업자는 지출증빙용으로 받아야 비용으로 인정받을 수 있다. 따라서 현금영수증을 요청할 때 소득공제용인지 지출증빙용인지 정확히 신청해야 한다. 지출증빙용으로 받으려면 핸드폰 번호 대신 사업자등록번호를 누르면 된다. 국세청에 지출증빙용 현금영수증 카드를 신청해 사용하면 더 편하다.

3. 신용카드도 사업자용으로 등록해두면 더 좋다

국세청에 사업용으로 쓸 신용카드를 등록해 두면 신용카드를 쓸 때마다 영수증을 챙겨놓지 않아도 비용으로 인정받을 수 있다.

4. 세금계산서나 계산서는 최고의 증빙서류

세금계산서나 계산서는 그 자체로서 훌륭한 증빙서류다. 세금계산서나 계산서는 100% 비용으로 인정된다. 예전과는 달리 요즘에는 세금계산서와 계산서를 발행해 달라고 하면 대부분 발행해주므로 착실하게 챙겨두도록 한다.

간편장부 대상자도 증빙서류 구비 필수

간편장부 대상자의 경우 종합소득세 신고를 할 때 그때까지 쓴 간편장부나 모아둔 증빙서류(영수증, 세금계산서 등)를 제출하지 않아도 된다. 사정이 이렇다보니 간편장부를 쓸 때 복식부기 대상자들처럼 증빙서류를 꼼꼼히 챙기지 않아도 된다고 오해하는 분들이 간혹 있다. 개인적으로 쓴 것도 비용으로 기재해도 모르지 않느냐며 위험한 상상을 하는 분들도 적지 않다.

간편장부는 소규모 사업자들을 배려해 만든 것이지만 거짓으로 간편장부를 작성하거나 증빙서류를 갖추지 않으면 큰일 난다. 비록 소득세를 신고할 때 간편장부와 증빙서류를 제출하지 않아도 되지만 사업에 관련된 것들만 적고, 쓴 돈을 증명할 수 있는 각종 증빙서류는 꼭 모아두어야 한다. 혹 세무서에서 이상하다 의심하고 감사를 나오면 사업을 하는데 쓴 돈이 아니라 개인적으로 쓴 돈인데 비용으로 처리한 것을 귀신같이 잡아낸다. 영수증이 있더라도 화장품 가게 영수증인데 이를 비용 처리했다면 의심을 사기에 충분하다.

간편장부 대상자라도 증빙서류는 착실하게 챙겨야 한다. 각종 증빙서류는 마구 모아놓으면 분실할 염려가 있으므로 별도로 증빙서류를 붙여놓는 노트를 따로 만들어두는 것이 좋다. 증빙서류를 붙일 때는 날짜 순서대로 붙여도 되고 비슷한 증빙서류 별로 붙여도 된다. 비슷한 증빙서류들은 그 위에 덧붙여두어도 괜찮다. 예를 들어 핸드폰, 전화, 인터넷 요금처럼 매월 발생하는 고정적인 비용은 한꺼번에 모아 붙여두어도 좋다. 나머지 비용들은 날짜별로 붙여 보관하는 것이 좀 더 편하다.

03
간편장부 잘 쓰면
한 눈에 수입과 지출이 보인다

사업 2년차에 접어든 김 사장은 작년 매출이 5,000만 원에 그쳐 간편장부 대상자에 해당한다. 간편장부 대상자는 간편장부를 써야 한다는 데 영 엄두가 나지 않는다. 그렇다고 아직 사업이 채 자리를 잡지 못했는데, 회계를 담당할 전담 직원을 채용하기도 어렵고, 세무사에 기장 대행을 맡길 형편도 안 된다. 결국 사업이 안정될 때까지는 직접 장부를 작성하는 것이 최선인데 막막하다.

우선 간편장부를 어디서 구해야 할지 모르겠다. 문방구나 국세청 홈페이지에서 구할 수 있다던데, 막상 국세청 홈페이지에 들어가 보니 어디에 숨어 있는지 보이지 않는다. 간편장부 실체를 보지 못하니 더더욱 생전 가계부 비슷한 것도 써 본 적이 없는 자신이 과연 간편장부를 쓸 수 있을지 자신이 없다.

간편장부, 초등학생도 쓸 수 있을 만큼 쉽다

간편장부는 가까운 문방구에서 구입할 수도 있고, 국세청 홈페이지(www.nts.go.kr)에 가면 무료로 다운로드할 수 있다. 국세청 [국세신고 안내]-[종합소득세] 메뉴를 클릭하면 [간편장부 안내]가 나온다. 이 메뉴를 클릭하면 간편장부를 쓰는 요령과 간편장부 작성 프로그램을 다운로드할 수 있다. 또한 엑셀과 훈글 포맷으로 만든 간편장부가 준비되어 있다. 어떤 포맷을 사용해도 상관없지만 엑셀 포맷은 항목별로 기재만 하면 저절로 합계가 계산돼 편하다.

① 일자	② 계정과목	③ 거래내용	④ 거래처	⑤ 수입 (매출)		⑥ 비용 (원가관련 매입포함)		⑦ 고정자산 증감(매매)		⑧ 비고
				금액	부가세	금액	부가세	금액	부가세	

(그림) 간편장부 양식

간편장부, 이렇게 쓰면 문제없다

　간편장부는 항목을 보면 어떤 내용을 적는 것인지 충분히 짐작할 수 있지만 보다 쉽게 간편장부를 작성할 수 있도록 몇 가지 작성요령을 소개하면 다음과 같다.

①일자	②계정과목	③거래내용	④거래처	④수입(매출) 금액	부가세	⑤비용(원가관련 매입포함) 금액	부가세	⑦고정자산 증감(매매) 금액	부가세	⑧비고
1.3	상품매출액	향초 판매	웅비	30,000,000	3,000,000					세계
1.25	수도광열비	가스료	도시가스			67,080				영
1.28	상품매출액	커트 판매	(주)대현	25,000,000	2,500,000					세계
1.30	임대료	임대료	대광빌딩			1,000,000	100,000			세계
2.10	상품매출액	향초판매	웅비	20,000,000	2,000,000					세계
2.15	소모품비	노트북2대	인컴			3,000,000	300,000			세계
2.25	원재료	향초재료	삼화			10,000,000	1,000,000			세계
2.28	임대료	임대료	대광빌딩			1,000,000	100,000			세계
3.5	상품매출액	향초판매	웅비	15,000,000	1,500,000					세계
3.9	접대비	저녁식사	김사장 상무			50,000				카드
3.28	임대료	임대료	대광빌딩			1,000,000	100,000			세계

(그림) 간편장부 작성 예(아래아한글 서식)

간 편 장 부

기간별 합계 금액

①기간	④수입 금액	부가세	⑤비용 금액	부가세	⑥고정자산 증감 금액	부가세
1월	55,000,000	5,500,000	1,067,080	100,000	-	-
2월	20,000,000	2,000,000	14,000,000	1,400,000	-	-
3월	15,000,000	1,500,000	1,050,000	100,000	-	-
1분기 합계	90,000,000	9,000,000	16,117,080	1,600,000	-	-
4월	-	-	-	-	-	-
5월	-	-	-	-	-	-
6월	-	-	-	-	-	-
2분기 합계	-	-	-	-	-	-
상반기 합계	90,000,000	9,000,000	16,117,080	1,600,000	-	-
7월	-	-	-	-	-	-
8월	-	-	-	-	-	-
9월	-	-	-	-	-	-
3분기 합계	-	-	-	-	-	-
10월	-	-	-	-	-	-
11월	-	-	-	-	-	-
12월	-	-	-	-	-	-
4분기 합계	-	-	-	-	-	-
하반기 합계	-	-	-	-	-	-
연 합계	90,000,000	9,000,000	16,117,080	1,600,000	-	-

(그림) 엑셀 간편장부를 작성하면 자동으로 합산된다

① 일자

　거래일자 순으로 수입 및 비용을 모두 기재한다. 수입과 비용이 발생했을 때 세금계산서를 주고받은 날짜를 기준으로 해야 하는지, 아니면 실제로 결제받은 날을 기준으로 해야 하는지 궁금해 하는 분들이 있다. 예를 들어 물품을 구입하고 거래처에 비용을 입금시킨 날은 1월 20일인데, 거래처가 발행한 세금계산서에는 날짜가 1월 25일로 되어 있다면 어떻게 날짜를 적어야 할까?

　일반적으로 세금계산서는 재화나 용역의 공급일자로 발행하는 것이 원칙이지만 결제일자와는 조금씩 차이가 나기 마련이다. 이럴 때는 세금계산서 일자를 기준으로 장부에 기록하는 것이 편하다. 간편장부에서는 복식장부와 달리 미수미지급 관리를 하지 않으므로 입금한 날짜에 크게 신경 쓰지 않아도 괜찮다.

② 계정과목

　계정이란 자산, 부채, 자본, 수익, 비용의 증감이 발생할 때 이를 기록하는 회계상의 단위인데, 각 계정마다 세부항목들이 있다. 이를 계정과목이라 한다. 간편장부를 기록할 때 계정과목을 구분해두면 회계 상태를 파악하는 데 도움이 된다. 하지만 전문 회계 지식이 없으면 계정과목을 무엇으로 적어야 하는지 어려울 수 있다. 아주 필수적인 항목은 아니므로 정 헷갈리면 공란으로 놔둬도 무방하지만 계정과목에 대한 이해도가 높을수록 회사의 수입, 지출을 관리하기가 수월하다.

③ 거래내용

거래내용은 구체적으로 쓰는 것이 좋다. ○○판매, ○○구입 등 거래구분, 대금결제를 기재한다. 만약 1일 평균 매출건수가 50건 이상인 경우에는 1일 동안의 총매출금액을 합산해 기재할 수 있다. 예를 들어 패션 쇼핑몰을 운영할 경우 개인 소비자들이 옷을 구입해 발생한 매출을 일일이 다 기록하기가 어렵다. 이런 경우 일일 총매출금액을 합산해 기록해도 괜찮다. 다만 매출을 증명할 수 있는 세금계산서, 현금영수증, 신용카드 매출전표 등 원본은 확실하게 보관해야 한다.

비용 및 매입거래는 다르다. 아무리 거래 건수가 많아도 일일이 모두 기재한다.

④ 거래처

거래처는 기업일 경우에는 상호, 사람일 경우에는 이름을 적어 확실하게 구분할 수 있도록 적는다.

⑤ 수입

상품 및 용역의 공급 등 영업수입(매출)과 영업외 수입을 모두 기재한다. 일반과세자는 매출액을 공급가액과 부가세 10%를 구분하여 각각 '금액' 및 '부가세' 란에 적는다. 신용카드나 현금영수증 매출과 같이 공급가액과 부가세가 각각 구분되지 않은 경우에는 매출액을 1.1로 나누어서 그 금액을 '금액'란에 기재하고, 잔액을 '부가세'란에 기재하면 된다. 예를 들어 현금영수증 매출액이 200만 원일 경우 이를 1.1로 나누면 181만 8,181원이 나온다. 이를 '금액'에, 나머지 181,819를 '부가세' 란에 적는다.

간이과세자는 부가세가 포함된 매출액(공급대가)을 '금액'란에 기재해야 한다. 간이과세자는 세금계산서를 발행할 수 없으므로 굳이 공급가액과 부가세를 구분하지 않아도 된다. 부가세 면세사업자는 매출액을 '금액'란에 적는다.

⑥ 비용(원가 관련 매입 포함)

상품 원재료 매입액, 일반관리비, 판매비 등 사업과 관련된 비용을 모두 적는다. 세금계산서를 받은 경우에는 세금계산서의 공급가액과 부가가치세를 구분하여 각각 '금액' 및 '부가세'란에 기재한다. 부가세액이 별도로 구분 기재되지 않은 신용카드매출전표 등을 교부받았을 때도 공급가액과 부가세를 각각 구분해 기재한다. 계산서와 공급가액과 부가세가 구분되지 않은 영수증 매입분은 매입금액을 '금액'란에만 적는다.

⑦ 고정자산 증감(매매)

건물, 자동차, 컴퓨터 등은 고정자산에 해당한다. 이런 고정자산을 매입했을 때는 비용이 아닌 '고정자산 증감' 항목에, 매입액 및 부대비용을 기재하면 된다. 세금계산서나 신용카드매출전표 등을 받은 경우에는 세금계산서의 공급가액과 부가세를 구분하여 각각 '금액' 및 '부가세'란에 기재한다. 계산서, 영수증은 매입금액을 '금액'란에만 적는다.

자동차나 컴퓨터 등을 왜 '⑥ 비용'이 아닌 '고정자산 증감' 항목에 기재해야 하는지 의문을 품을 수 있다. 고정자산도 비용처리가 되지만 한 해만 사용하는 것이 아니라 계속 사용한다고 보기 때문에 일정 기간 동안 감가상각 해 비용처리한다. 따라서 고정자산을 감가상각 처리하지 않고 한꺼번에 비용으로 처리하면 세무서에서 인정을 해주지 않는 경우가 발생한다. '고정자산 증감' 항목은 매입과 매각이 구분되어 있지 않다. 따라서 당해 자산을 붉은색으로 기재하거나 금액 앞에 △표시를 해 구분하는 것이 좋다.

⑧ 비고

'비고' 란에는 거래증빙 유형 및 재고액을 기재하면 된다. 증빙서류는 세금계산서의 경우 '세계', 계산서는 '계', 신용카드 및 현금영수증은 '카드 등', 기타 영수증은 '영'으로 표시해놓는 것이 좋다.

상품, 제품, 원재료의 재고액이 있는 경우에는 과세기간 개시일 및 종료일의 실제 재고량을 기준으로 평가하여 기재한다.

2개 이상 소득 혹은 사업장이 있다면?

사업소득, 부동산임대소득 등 2개 이상 소득이 있는 경우와 사업장이 2개 이상인 경우에는 간편장부를 각각 작성하도록 한다. 소득별, 사업장별로 거래내용이 구분될 수 있도록 기장해야 후에 소득세를 신고할 때 편하다.

04
매출액 누락시키면 세금이 눈덩이처럼 늘어난다

• • •

음식점을 차린 차상원 씨는 부가세를 신고할 때마다 조금씩 매출액을 줄여 신고했다. 처음에는 당장 부가세를 낼 돈이 없어 확정 신고 기간에 제대로 신고하면 되지 않겠느냐는 마음으로 시작했다. 그런데 매출을 줄여 신고했는데도 아무 일도 일어나지 않자 좀 더 대범해졌다. 점점 누락시키는 액수도 커지고, 부가세를 신고할 때마다 습관적으로 매출을 누락시켰다.

그렇게 1년 동안 누락시킨 매출액이 2,000만 원에 육박했다. 총 매출액이 2억 원 정도인데 약 10%를 누락시킨 것이다. 불안하긴 했지만 음식점을 연지 얼마 안 되는 회사 치고는 매출이 많았던 편이라 2,000만 원쯤 누락시켰다고 문제될 것은 없어 보였다.

매출을 누락시키니 당장 내야 할 세금이 줄어 더 좋았다. 매출을 누락시켰어도 국세청이 눈치를 못하니 국세청이 참 허술하다는 생각도 들었다. 한편으로는 우리나라에 기업이 얼마나 많은데, 국세청이 조그만 회사에 신경 쓸 여력이 없을 것이란 묘한 확신이 들기도 했다. 그렇다면 계속 매출을 누락시켜도 되지 않을까?

탈세는 결국 꼬리가 잡힌다

　법인사업자나 개인사업자가 법인세나 소득세를 적게 내는 방법은 매출액을 줄이거나 비용을 늘리는 것이다. 그래서 많은 사업자들이 매출을 줄여 신고하거나 실제로 지출하지 않은 경비를 만들어 신고하는 실수를 한다.

　사실 신용카드매출전표나 세금계산서 혹은 계산서로 발행한 매출은 현실적으로 숨기기 어렵다. 세금계산서의 경우 내 쪽에서 신고를 하지 않아도 상대방이 매입 자료로 신고하게 되므로 곧 발각된다. 계산서도 마찬가지다. 계산서를 발행하는 면세사업자의 경우 일반과세자와는 달리 1년에 한 번 사업장현황신고를 하므로 조금 늦게 발각될 수도 있지만 결국 드러나게 되어 있다. 신용카드매출도 시간이 조금 걸릴 뿐, 반드시 발각된다.

　현금매출의 경우 신용카드매출, 세금계산서, 계산서보다 매출을 누락시키기에 유리하기는 하다. 실제로 음식점이나 문방구처럼 현금거래가 많은 업종에서는 현금매출을 누락시키는 경우가 많다. 요즘에는 예전보다는 많이 줄어들었지만 여전히 현금매출을 줄여 신고함으로써 매출을 누락시키는 경우가 비일비재하다.

　하지만 탈세는 결국 꼬리가 잡힌다. 요즘은 세무행정이 전산화되어 있기 때문에 사업자의 모든 신고상황 및 거래내역이 전산처리 된다. 덕분에 어떤 유형의 매출 누락도 귀신같이 잡아낼 수 있다. 국세청에 의하면 현재 구체적으로 사업자별로 지금까지의 신고추세는 어떤지, 신고한 소득에 비해 부동산 등 재산 취득 상황은 어떤지, 동업자에 비해 부가가치율 및 신용카드매출 비율은 어떠한지, 신고내용과 세금계산서 합계표의 내용은 일치하는지 종합적으로 분석하는 것이 가능하다고 한다. 아무리 머리를 써도 이 거미줄 같은 분석망을 피해 매출을 누락시키는 것은 거의 불가능하다.

절세와 탈세는 완전히 다르다. 절세는 합법적인 법의 테두리 안에서 하는 것이고, 탈세는 법을 무시하고 어기면서 세금을 내지 않는 것이다. 매출을 누락시키는 행위는 절세가 아니라 탈세이므로 부당한 방법으로 매출액을 누락시킬 생각은 애초에 하지 않는 것이 바람직하다.

매출액보다 더 많은 벌금이 기다린다

소탐대실이라는 말이 있다. 매출액을 누락해 세금을 덜 내려다 발각하면 세금폭탄을 맞는다. 어떤 사업자가 한 해에 매월 1,000만 원씩 매출을 누락시켰다가 3년 후에 발각되었다고 가정해보자. 발각되었을 때 물어야 하는 세금이 얼마나 될까?

일반과세자의 경우 매출액의 10%를 부가세로 내야 한다. 매월 1,000만 원씩 누락했으니 1년 동안 총 1억 2,000만 원을 누락시킨 셈이다. 원래 제대로 부가세를 냈다면 1억 2,000만 원의 10%에 해당하는 1,200만 원만 납부하면 된다. 하지만 고의적으로 매출을 누락시켰다가 발각되면 매출 세금계산서를 교부하지 않은 벌금(매출 세금계산서 미교부 가산세)은 물론 부당하게 매출을 줄여 신고한 데 대한 벌금(부당과소신고가산세), 납부의 의무를 성실하게 이행하지 않은 것에 대한 벌금(납부지연가산세)을 모두 물어야 한다. 그 액수는 다음과 같다. 제대로 냈다면 부가세 1,200만 원만 내면 끝나는데, 가산세가 붙으니 2,209만 800원으로 두 배가 넘는 돈을 세금으로 내야 한다.

구분	발각 후 내야 할 세금	가산세 산정 기준
원래 내야 할 부가세	1억2,000만 원 × 10% = 1,200만 원	
매출 세금계산서 미교부 가산세	1억2,000만 원 × 2% = 240만 원	전체 매출액의 2%
부당과소신고가산세	1,200만 원 × 40% = 480만 원	해당세액의 40%
납부지연가산세	1,200만 원 × 1,095 × 0.022% = 289만 800원	미납(초과환급)세액 × 미납일수 × 0.022%
합계	2,209만 800원	

(표) 매출을 누락시켰을 때 내야 하는 부가세 관련 가산세

부가세와 관련된 가산세만 물면 해결되는 것이 아니다. 법인의 경우 법인세, 개인사업자의 경우 소득세와 관련된 가산세를 물어야 한다. 한계세율이 법인의 경우 20%, 개인사업자의 경우 38%라고 가정해보자. 이것 역시 부가세 때와 마찬가지로 두 배 이상 금액이 커진다. 개인사업자의 경우 그 폭이 더욱 커져 원래 내야 할 소득세보다 무려 세 배가 많은 금액을 소득세와 가산세로 물어야 한다.

최종 납부해야 할 법인세와 소득세가 결정되면 최종 세금의 10%를 지방소득세로 내야 한다. 가산세가 붙어 세금이 눈덩이처럼 불어난 상태라 지방소득세 10%도 만만치 않다.

구분	발각 후 내야 할 세금	가산세 산정 기준
원래 내야 할 법인세	1억 2,000만 원 × 20% = 2,400만 원	
부당과소신고 가산세	2,400만 원 × 40% = 960만 원	해당세액의 40%
납부지연가산세	2,400만 원 × 1,095 × 0.022% = 578만 1,600원	미납(초과환급)세액 × 미납일수 × 0.022%
합계	3,938만 1,600원	

(표) 법인이 매출을 누락시켰을 때 물어야 하는 법인세와 가산세

구분	발각 후 내야 할 세금	가산세 산정 기준
원래 내야 할 소득세	1억 2,000만 원 × 38% = 4,560만 원	
부당과소신고 가산세	4,560만 원 × 40% = 1,824만 원	해당세액의 40%
납부지연가산세	4,560만 원 × 1,095 × 0.022% = 1,098만 5,040원	미납(초과환급)세액 × 미납일수 × 0.022%
합계	7,482만 5,040원	

(표) 개인사업자가 매출을 누락시켰을 때 물어야 하는 법인세와 가산세

이처럼 매출을 누락하면 당장은 내야 할 세금을 내지 않아 이득을 보는 것처럼 느낄 수도 있지만 결국 대가를 혹독하게 치뤄야 한다. 최악의 경우 내지 않았던 세금을 가산세까지 붙여 내는 것과는 별도로 조세범으로 몰려 징역 또는 탈세액의 3배 이하를 무는 벌금형에 처해질 수 있다. 따라서 매출을 누락시키지 않고 꼼꼼하게 기록해두었다가 꼬박꼬박 제 때 신고하는 것이 절세의 지름길이다.

05
오픈몰에서 개인 아이디로 판매한 것도 매출로 신고해야 할까?

• • •

    이민혜 씨는 취미로 비건 빵을 만들었는데, 먹어본 분들이 너무 맛있다며 팔아볼 것을 권했다. 자신은 없었지만 호기심에 네이버 스마트스토어에 개인판매회원으로 등록해 판매했다. 지인들이 많이 도와준 덕분에 판매는 순조로웠다. 최소한 매일 1건 이상 주문이 들어왔고, 총 판매액도 1백만 원이 넘었다.

    그러자 네이버 측에서 판매를 계속할 경우 사업자등록을 하라는 연락이 왔다. 이민혜 씨도 정식으로 판매를 해도 괜찮겠다는 생각이 들어 사업자등록을 하고 빵을 팔고 있는 중이다.

    그렇게 열심히 빵을 팔다 부가세를 신고해야 할 때가 되니 사업자등록을 하기 전에 개인자격으로 팔았던 것까지 매출로 잡아야 하는지 혼란스럽다. 개인판매회원으로 판매한 것은 사업자가 아니니 굳이 신고하지 않아도 되지 않을까?

개인 아이디로 판매한 것도 신고해야 할 매출이다

스마트스토어, 옥션, G마켓 등 사업자등록을 하지 않고 개인 자격으로 판매할 수 있는 오픈몰들이 많다. 오픈몰의 종류에 따라 차이는 있지만 개인판매회원의 경우 팔 수 있는 상품의 수와 판매기간이 정해져 있고, 지속적으로 판매를 할 경우 사업자등록을 할 것을 요청한다. 이민혜 씨처럼 처음에는 개인판매를 하다 정식으로 사업자등록을 한 후 판매한 경우 개인판매도 매출로 잡아야 하는지 궁금해하는 분들이 많다.

결론부터 이야기하면 개인 자격으로 판매한 것도 사업자로 판매한 것과 함께 꼭 신고해야 한다. 만약 사업자등록을 할 때 대표자명을 다른 사람으로 했다면 별도의 매출이 될 수 있지만 개인판매회원 이름과 동일하면 사업매출로 간주된다.

개인 아이디로 판 것을 어찌 알까 생각할 수도 있지만 온라인 쇼핑몰에서 판매한 매출은 그대로 노출된다. 온라인 쇼핑몰을 운영하는 사업자들이 특히 더 매출을 누락시키지 않도록 주의해야 하는 이유도 이 때문이다. 개인 아이디로 판매한 매출을 누락시키는 사례가 생각보다 많아 과세관청에서 예의주시하고 있다는 점도 잊어서는 안 된다.

06
사업용 계좌, 꼭 만들어야 할까?

● ● ●

　인테리어 사업을 시작한 진정남 씨는 얼마 전 첫 공사를 의뢰받았다. 10평 남짓한 아담한 카페 인테리어였는데, 비록 규모는 1,000만 원 정도였지만 처음 의뢰받은 일이라 애착이 갔다. 최선을 다해 3가지 방향으로 시안을 만들어 갔더니 카페 사장이 무척 마음에 들어 했다.

　정식으로 계약을 체결한 후 본격적으로 공사를 시작하기로 했다. 서로 합의해 계약서 문구를 작성하고, 사인할 일만 남았다. 카페 사장은 사업자등록증 사본과 결제 통장 사본을 요청했다. 흔쾌히 준비해 보냈더니 예상 밖의 반응이 나왔다.

　"음, 큰 문제는 아닌데 결제 통장이 개인 통장이네요. 사업용 계좌는 없으신가요?"

　'사업용 계좌'라는 말은 그때 처음 들었다. 개인사업자이면 사업자등록증에 있는 대표 이름과 개인 통장 계좌명이 같으면 별 문제가 없을 거라 생각했는데, 사업용 계좌가 없느냐고 물으니 당황스러웠다. 사업용 계좌 꼭 만들어야 하는 건지, 만들면 사업을 하는데 더 도움이 되는 것인지 궁금하다.

복식부기 대상자는 사업용 계좌 필수

　복식부기 대상자는 사업용 계좌를 국세청에 꼭 신고해야 한다. 사업용 계좌는 가계용과 분리된 별도의 사업용 계좌를 관할세무서에 신고한 것을 말한다. 금융기관에서 사업자의 상호가 기재된 사업자 통장을 개설해 사용해도 되고 개인 명의의 기존 통장을 사용해도 괜찮다.

　사업용 계좌제도 도입 초기에는 사업용 계좌의 요건으로 통장의 명의인 표시에 상호 및 '사업용 계좌'라는 문구가 표시되어야 했지만 2009년부터는 이러한 요건을 삭제하여 사업주의 통장이기만 하면 사업용 계좌로 신고할 수 있게 되었다.

　금융기관에서 사업자로 통장을 개설하면 계좌 명의에 사업자 상호와 대표자명이 함께 기재되므로 거래처가 입금할 때 대표자 이름만 나오는 것보다 상호명이 함께 나오면 아무래도 좀 더 신뢰가 가기 마련이다.

　복식부기의무자가 사업용 계좌를 신고하지 않거나 미사용하는 경우 가산세를 무는 것은 물론 시설 규모나 영업상황으로 보아 신고 내용이 불성실하다고 판단되면 과세표준과 세액을 추정당할 수 있다. 따라서 이러한 불이익을 받지 않기 위해서는 반드시 정해진 기간 내에 신고하고 사용하도록 해야 한다.

　복식부기 의무자는 복식부기 의무자에 해당하는 과세기간의 개시일(사업개시와 동시에 복식부기 의무자에 해당되는 경우에는 다음 과세기간 개시일)부터 6개월 이내에 사업용 계좌를 해당 사업자의 사업장 관할 세무서장 또는 납세지 관할 세무서장에게 신고해야 한다.

사업용 계좌를 변경하거나 추가로 개설하는 경우에는 아래의 법정 신고기한 내에 '사업용계좌개설(변경.추가)신고서'를 작성해 역시 사업장 관할 세무서장 또는 납세지 관할 세무서장에게 제출해야 한다

> 종합소득세 확정신고기한 이내
> (5월 1일 ~ 5월 31일, 성실신고확인대상사업자는 5월 1일~6월 30일)

공동 사업자의 경우 사업용 계좌 개설방법

사업용 계좌는 상호명과 대표자 이름이 공동으로 표기된다. 따라서 공동 사업자인 경우 누구 이름으로 계좌를 개설해야 하는지 고민스러울 수 있다. 걱정하지 않아도 된다. 사업용 계좌는 사업장별로 복수의 계좌를 허용하고 있다. 사업자의 필요에 따라 1인 명의로 여러 개의 사업용 계좌를 개설해도 되고, 공동 사업자의 경우 공동 대표 각각의 명의로 복수의 계좌를 개설해도 무방하다. 단 사업용 계좌를 여러 개 사용할 때는 모두 세무서에 신고해야 인정받을 수 있다.

사업과 관련한 것은 모두 사업용 계좌를 통해야 유리하다

일단 사업용 계좌를 개설했으면 사업과 관련된 것은 모두 사업용 계좌를 통해 결제하거나 받는 것이 좋다. 꼭 사업용 계좌를 개설해야 하는 복식부기 의무자가 아니더라도 사업용 계좌를 신고하고 사용해야 창업중소기업 세액감면, 중소기업 특별세액감면 등 각종 세액의 면제 감면 혜택을 받을 수 있다. 사업용 계좌를 사용하면 사업과 관련한 수입과 지출을 파악하

고 증빙을 하기에도 편리하다. 따라서 직접적으로 사업과 관련된 것이든, 4대 보험 등 부수적으로 발생하든 것이든 모두 사업용 계좌를 사용하는 것이 좋다. 그 중에서도 꼭 사업용 계좌를 통해야 하는 내역은 다음과 같다.

● 금융기관을 통해 거래금액을 결제하거나 결제받을 때

만약 결제금액을 사업용 계좌로 받지 않고, 본인의 다른 개인용 계좌로 받고 사업용 계좌로 이체했을 때는 가산세를 물어야 한다.

● 인건비 및 임차료를 지급하거나 지급받을 때

인건비와 임차료 역시 반드시 사업용 계좌를 통한 계좌이체 방식으로 지급해야 한다. 사업용 계좌에서 현금을 인출해 지급하면 가산세를 물어야 한다. 단, 신용불량자인 근로자나 불법체류자인 외국인의 경우는 예외다.

● 수표 및 어음으로 이루어진 거래대금 지급 및 수취

거래대금이 클 경우에는 수표 및 어음으로 결제를 하기도 한다. 수표 및 어음으로 거래대금을 지급하거나 받는 경우에도 꼭 사업용 계좌를 통해야 한다.

● 신용카드, 선불카드, 직불카드를 통한 거래대금 지급 및 수취

거래대금을 선불카드, 직불카드, 신용카드 등으로 결제하거나 결제 받

을 때도 사업용 계좌를 사용해야 한다. 사업과 관련한 거래대금을 신용카드로 결제했을 때도 사업용 계좌로 결제하는 것이 원칙이다. 개인 계좌를 통해 결제하면 가산세 부과 대상에 해당한다.

반대로 개인용으로 사용한 신용카드에 대한 결제계좌를 사업용 계좌로 하여 개인용과 사업용을 혼용하여 사용했을 경우 불이익은 없다. 하지만 사업용 계좌의 내역은 사업상 거래로 인정하므로 향후 과세 당국이 확인을 요청할 경우 개인용 카드 사용분에 대해 사업자 본인이 직접 확인해주어야 한다. 따라서 가능한 한 개인용과 사업용 카드는 구분해 사용하는 것이 바람직하다.

Tip

휴업자, 사업자등록을 하지 않은 사람도 사업용 계좌 신고대상?

복식부기 의무자는 모두 사업용 계좌를 신고해야 한다. 사업을 하다 휴업을 한 사람도 복식부기 대상자라면 예외는 아니다. 휴업자가 다시 개업을 할 때 사업용 계좌가 신고되어 있지 않다면 가산세를 물어야 한다.
보험모집인, 학원강사 등은 사업자등록번호가 없어도 개인사업자나 마찬가지다. 이들 중 수입이 많아 복식부기 의무자에 해당한다면 사업자등록번호 대신 주민등록번호로 사업용 계좌를 신고할 수 있다.

사업용 계좌를 사용하지 않았을 때 가산세는 얼마?

사업용 계좌를 사용해야 하는 데 사업용 계좌를 개설하지 않았거나 사용하지 않았을 때는 가산세 부과대상이 된다. 또한 '성실신고 사업자'로 인정받을 수 없고, 언제, 어떤 형태로든 세무조사를 받을 수 있다.

사업용 계좌를 개설해 신고하지 않은 경우 미신고기간 수입금액의 1000분의 2(0.2%)에 상당하는 금액과 거래대금, 인건비, 임차료 등의 거래금액 합계액의 1000분의 2(0.2%) 중 큰 금액을 가산세로 내야 한다. 예를 들어 1분기 총수입이 1억 원이었을 경우 1억 원×1000분의 2=20만 원이 내야 할 가산세가 된다. 사업용 계좌를 사용하지 않았을 때도 사업용 계좌를 통하지 않은 금액의 1000분의 2에 해당하는 금액을 가산세로 물어야 한다.

07
세금계산서 잘 관리하면 절세, 잘못 관리하면 가산세

•••

올해 사업을 시작한 최민기 씨는 부가세 신고를 하다 깜짝 놀랐다. 사업을 시작한지 얼마 안 돼 매출은 적고 매입이 많은데, 어찌된 일인이 매입세액공제를 다 받을 수가 없다고 했다. 최민기 씨가 끊은 매출 세금계산서 공급가액이 1,000만 원이고, 세액이 100만 원인데 비해 받은 매입 세금계산서는 공급가액이 2,000만 원이고, 세액이 200만 원이다. 그렇다면 100만 원은 돌려받을 수 있어야 하는데, 세무서에서는 매입 세금계산서 중 1,500만 원 밖에 인정해줄 수가 없다고 한다.

이유를 따져 물으니 최민기 씨가 받은 매입 세금계산서 중 절대 틀려서는 안 되는 사업자등록번호를 잘못 기입한 것이 있기 때문이란다. 그제야 거래처로부터 받아두었던 세금계산서를 확인해보니 사업자등록번호가 틀린 게 맞았다. 설마 가장 기본적인 사업자등록번호가 잘못 되었을까 싶어 의심도 하지 않았다. 그런데 그로 인해 매입세액공제를 받지 못한다니 억울하기만 하다.

늦었지만 세금계산서를 수정해 매입세액공제를 받을 수 있는 방법은 없을까? 또 다시 이런 불상사가 일어나지 않으려면 어떻게 해야 하는지 몹시 궁금하다.

세금계산서에서 꼭 기재해야 할 항목

세금계산서는 부가세를 낼 때는 물론 법인세나 소득세를 낼 때 중요한 증빙자료가 된다. 따라서 세금계산서를 잘 받고 잘 끊는 것이 절세의 지름길이라 해도 과언이 아니다.

세금계산서를 발행할 때는 한 치의 틀림도 없이 정확하게 기입해야 한다. 세금계산서에 기재해야 할 항목을 보면 등록번호, 상호, 성명, 사업장 주소, 업태, 종목, 연월일, 공급가액, 세액 등 여러 가지가 있는데 이 중 꼭 기재해야 할 항목이 있다. 이를 '필요적 기재사항'이라고 하는데, 이 중 일부를 기재하지 않았거나 내용이 사실과 다르면 세금계산서를 받은 사업자는 매입세액공제를 받을 수 없고, 세금계산서를 발행한 사업자는 가산세를 물어야 한다. 꼭 정확하게 기재해야 할 사항은 다음과 같다.

① 공급하는 사업자의 등록번호와 성명, 명칭
② 공급받는 자의 등록번호
③ 공급가액과 부가세액
④ 작성연월일

공급하는 사업자뿐만 아니라 공급받는 자의 등록번호도 정확해야 하므로 세금계산서를 발행할 때는 상대방의 사업자등록증 사본을 받는 것이 좋다. 주민등록번호로 세금계산서를 발행해야 할 때는 주민등록증 사본을 받아두고 꼼꼼히 확인하면 실수를 막을 수 있다.

세금계산서를 받을 때도 조심해야 한다. 전년도의 공급대가가 4,800만 원 미만인 간이과세자나 면세사업자, 폐업한 사업자처럼 세금계산서를 발행할 수 없는 사업자가 발행한 세금계산서는 매입 자료로 인정받지 못한다. 따라서 거래처가 정상적인 사업자인지를 확인해보는 것이 좋다. 국세청 홈택스 홈페이지에 가면 거래처의 사업자 과세유형, 휴·폐업 상태를 확인할 수 있다.

제때 잘 발행하지 않으면 가산세 얼마나 붙을까?

세금계산서에 꼭 기입해야 할 사항을 정확하게 기재하지 않았다든가, 아예 발급하지 않은 경우 모두 가산세를 물어야 한다. 깜빡 잊고 실제 거래가 이루어진 후 한참 있다 발행해도 불이익을 당할 수 있다. 사실 실제 공급시기에 맞춰 세금계산서를 발행하는 것이 원칙이지만 실무적으로는 발행일자가 조금 달라도 큰 문제는 없다.

하지만 실제 공급시기와 발행일자가 너무 차이가 나면 가산세를 물어야 한다. 주로 종이 세금계산서를 수기로 발행할 때는 부가세 신고단위인 3개월 범위 내에만 발행하면 괜찮았다. 예를 들어 1월 달에 거래한 내역을 깜빡 잊었더라도 3월말까지만 처리하면 가산세를 물지 않아도 됐다.

전자세금계산서 제도가 도입되면서 상황은 좀 더 엄격해졌다. 아무리 늦어도 공급시기가 속하는 다음달 10일까지는 꼭 전자세금계산서를 발행해야 한다. 예를 들어 5월 14일이 제품이나 용역을 공급한 시기라면 6월 10일까지는 전자세금계산서를 발행해야 한다는 얘기다. 이를 지키지 못하면

세금계산서를 제때 발행하지 못한 죄로 각종 가산세를 물어야 한다.

가산세 구분	내용	가산세율
미발급 가산세	발급시기가 지난 후 공급시기가 속하는 과세기간에 대한 확정신고 기한내 미발급	공급가액의 2%
	전자세금계산서 발급 의무자가 종이세금계산서 발급	공급가액의 1%
가공세금계산서 가산세	재화 용역을 공급하(받)지 아니하고 세금계산서를 발급(수취)한 때 사업자가 아닌 자가 재화 용역을 공급하(받)지 아니하고 세금계산서를 발급(수취)한 때	공급가액의 3%
위장세금계산서 가산세	실제로 재화 용역을 공급하는 자 외의 자의 명의로 세금계산서를 발급(수취)한 때	공급가액의 2%
세금계산서 부실기재 가산세	발급한 세금계산서의 기재내용의 누락. 사실과 다른 때	공급가액의 1%
	고의로 공급가액을 부풀린 경우	공급가액의 2%
지연발급 가산세	발급시기가 지난 후 공급시기가 속하는 과세기간에 대한 확정신고 기한내 발급	공급가액의 1%
지연수취 가산세	공급시기가 속하는 다음달 10일이 지나서 수취	공급가액의 0.5%
미전송 가산세	발급시기가 지난 후 공급시기가 속하는 확정신고기한까지 미전송	공급가액의 0.5%
지연전송 가산세	발급시기가 지난 후 공급시기가 속하는 확정신고기한까지 전송	공급가액의 0.3%

(표) 세금계산서를 제때 발행하지 않았을 때 부담해야 하는 가산세

매입자 발행 세금계산서 제도란?

세금계산서를 제때 발행하지 않으면 가산세를 내야 함에도 간혹 고의적으로 세금계산서를 발행하지 않는 경우가 있다. 재화나 용역을 공급한 업체가 세금계산서를 받지 못하면 부가세를 신고할 때 매입세액공제를 받을 수 없다. 뿐만 아니라 법인세나 소득세를 낼 때도 비용으로 인정받지 못해 많은 세금을 내야 한다.

원래 세금계산서는 재화나 용역을 공급한 자가 발행하는 것이다. 하지만 마땅히 발행해야 할 세금계산서를 발급하지 않고 차일피일 미루고만 있다면 재화나 용역을 공급받은 자가 직접 세금계산서를 발행할 수 있다. 이를 '매입자 발행 세금계산서'라고 하며 상대적으로 우월한 지위에 있는 사업자가 탈세 혹은 다른 불순한 목적을 품고 고의적으로 세금계산서를 발행하지 않을 경우 그로 인해 피해를 입을 수 있는 사업자를 보호하기 위해 마련한 제도다.

공급받은 사업자(매입자)가 세금계산서를 발행하려면 관할 세무서장에게 '거래 사실 확인 신청'을 하고 공급자 관할 세무서장의 확인을 받아야 한다. 일반과세자는 물론 면세사업자, 간이사업자 모두 매입자 발행 세금계산서를 발행할 수 있다. 다만 거래사실 확인 신청을 하는 경우 다음과 같은 제한이 있다.

① 재화 또는 용역의 공급시기가 속하는 과세기간의 종료일부터 6개월 이내에 신청해야 한다.

② 거래건별 금액이 10만 원 이상이어야 한다.
③ 실거래를 입증할 수 있는 영수증 등 서류를 제출해야 한다.

거래금액 및 월별 신청건수는 제한이 없다. 매입자 발행 세금계산서는 공급자가 발행한 세금계산서와 동일한 효력을 발휘한다. 매입자 발행 세금계산서를 발행하면 부가세를 신고하거나 경정청구를 할 때 매입자 발행 세금계산서 합계표를 제출하면 매입세액공제를 받을 수 있다.

역발행 세금계산서

원칙적으로 세금계산서는 재화나 용역을 공급한 사업자가 발행해야 한다. 그런데 공급받는 자, 즉 매입자가 대신 세금계산서를 발행하는 경우가 있다. 이를 '역발행'이라 하는데, 거래처가 많은 업체들이 효율적으로 세금계산서를 관리하기 위해 많이 사용한다.

매입자가 직접 전자세금계산서를 작성하면 매출자에게 내용이 전송된다. 매출자는 이를 확인해 전자서명하면 된다.

08
전자세금계산서, 선택이 아닌 필수!

●●●

올 초에 사업을 시작한 이대로 씨는 매월 마지막 주 세금계산서를 들고 거래처들을 방문한다. 우편으로 발송해도 되지만 이왕이면 직접 거래처 사람을 만나 인사도 하면서 세금계산서를 전하는 것이 예의라 생각했기 때문이다. 그런데 얼마 전, 여느 때처럼 거래처를 들러 세금계산서를 건넸더니 거래처 사장님이 한마디 했다.

"아이구 이 사장님. 매달 이렇게 방문해주시니 죄송하네요. 전자세금계산서를 끊으면 번거롭게 방문하지 않으셔도 될 텐데……."

전자세금계산서에 대해서는 이미 들어 알고 있었다. 하지만 규모가 작은 개인사업자는 굳이 전자세금계산서를 끊지 않아도 된다는 말도 있고, 개인적으로 직접 세금계산서를 전달하는 것을 좋아해 지금껏 관심을 두지 않았다. 그런데 거래처가 전자세금계산서를 요구하면 더 이상 고집 피우지 말고 전자세금계산서를 끊어야 하지 않을까 혼란스럽다.

법인 사업자와 매출액 1억 원 이상인 개인 사업자는 의무

전자세금계산서는 이미 2010년부터 시행되었고, 법인의 경우 2011년부터 의무적으로 전자세금계산서를 발행하고 있다. 전년도의 공급가액이 2억 원 이상인 개인사업자도 의무적으로 전자세금계산서를 발행해야 하고, 2022년 7월 1일부터는 전년도 공급가액이 1억 원 이상으로 확대된다.

전자세금계산서는 공급일자가 속하는 다음달 10일까지는 발행해야 한다. 예를 들어 공급일자가 3월 20일이라면 늦어도 다음달 4월 10일까지는 전자세금계산서를 발행해야 불이익이 없다. 만약 이를 지키지 않을 경우 공급가액의 1% 혹은 2%를 가산세로 물어야 한다. 전자세금계산서 대신 종이 세금계산서를 발행했다 해도 마찬가지다.

의무 발급자가 아닌 사업자도 전자세금계산서를 발행하면 여러 가지로 유리하다. 우선 증빙자료를 관리하기가 쉽다. 종이 세금계산서를 비롯한 증빙서류는 최소 5년 동안 보관해야 할 의무가 있지만 전자세금계산서는 이런 의무가 없다. 발행하면 바로 국세청에 전송되므로 굳이 따로 보관하지 않아도 된다.

종이 세금계산서에 익숙한 사업자 중에는 전자세금계산서에 정서적인 거부감을 갖는 분들이 종종 있다. 하지만 정작 전자세금계산서를 발행해보면 금방 익숙해지고 생각보다 편하다고 말한다. 지금 당장은 전자세금계산서를 발급해야 할 대상이 아니더라도 장기적으로는 국세청에서 종이 계산서를 없앨 계획이므로 빨리 전자세금계산서로 전환하는 것도 나쁘지 않다.

전자세금계산서는 어떻게 발행할까?

전자세금계산서를 발행하려면 국세청 홈택스 홈페이지(www.hometax.go.kr) 혹은 전자세금계산서 발행을 대행하는 업체에 회원가입을 해야 한다. 국세청 홈택스는 회원가입만 하면 전자세금계산서를 발행하는데, 별도로 돈이 들지 않지만 일부 다른 대행업체의 경우 발급 수수료를 받기도 한다. 물론 수수료가 비싼 편은 아니지만 이왕이면 국세청처럼 무료로 전자세금계산서를 발행해주는 곳을 이용하는 것이 좋다.

홈택스를 이용하려면 공인인증서가 필요하다. 회원가입은 개인용 공인인증서로도 가능한데, 전자세금계산서를 발행하려면 범용 혹은 전자세금용 공인인증서가 필요하다.

09
수정세금계산서 꼭 발행해야 할까?

• • •

초보사장 이만재 씨는 아직 따로 경리를 둘 정도로 자금사정이 넉넉지 않아 직접 세금계산서를 발행하고 있다. 세금계산서를 발행하는 일이 어렵지는 않은데, 워낙 덜렁대는 성격이라 가끔 실수를 한다. 공급일자를 잘못 기재했다든가, 공급 가액을 부가세를 포함한 가격으로 기재하는 등 실수의 유형도 다양하다.

종이 세금계산서를 발행할 때는 거래처에게 전화를 해 다시 발행할 테니 기존 세금계산서를 폐기해달라는 방법으로 오류를 수정했다. 그런데 전자세금계산서로 바꾼 후에는 복잡해졌다. 이미 국세청에 전송된 상태에서는 임의로 폐기, 삭제, 정정이 불가능해 꼭 수정세금계산서를 발급해야 한다고 한다. 번거로운 것도 번거로운 것이지만 세금계산서를 잘못 발행했을 때 수정세금계산서를 제때, 잘 발행하지 않으면 가산세를 물어야 한다는데 걱정스럽다.

수정 사유가 정당하면 가산세는 없다

　세금계산서를 잘못 발행하면 마땅히 수정세금계산서를 발행해야 한다. 정당한 사유로 수정세금계산서를 발행할 때는 가산세를 물지 않아도 된다. 다만 잘못된 내용을 수정할 수 있는 기한 내에 꼭 수정해야 한다. 기한을 어기면 지연발급에 해당하는 가산세를 물어야 한다.

● 당초 공급한 재화가 환입된 경우

　거래처에 공급했던 재화가 돌아오는 경우가 있다. 보통 '반품'이라 표현한다. 이는 수정세금계산서를 발급할 수 있는 정당한 사유에 속한다. 수정세금계산서는 수정사유가 발생한 날, 즉 재화가 환입된 날을 작성일자로 하여, 환입된 공급가액 앞에 부(-)를 붙여 발급하면 된다. 비고란에는 당초에 세금계산서를 작성했던 작성일자를 기재하면 된다. 수정세금계산서를 발행할 때는 수정사유가 발생한 날이 속하는 월의 다음달 10일까지 발급해야 가산세가 붙지 않는다.

● 계약이 해제된 경우

　보통 세금계산서는 재화나 용역을 공급한 시기에 발행하는 것이 원칙이다. 다만 재화나 용역을 공급하기 전에 거래대금을 지불받은 경우는 예외적으로 미리 세금계산서를 발행할 수 있다. 그런데 계약이 해제돼 약속했던 재화나 용역을 공급하지 못했다면 당연히 수정세금계산서를 발행해야 한다. 이 경우에는 계약해제일을 작성일자로 기재하고, 비고란에는 당초작성일을 적고, 공급가액을 부(-) 표시를 하여 발급하면 된다.

● **공급가액이 변동되는 경우**

　세금계산서를 발행한 후 공급가액이 늘거나 줄어드는 경우가 생길 수 있다. 예를 들어 1월 15일에 1,000만 원에 해당하는 세금계산서를 발행했는데, 3월 20일에 200만 원어치 물품이 반품되었다고 가정해보자. 이 경우 공급가액이 변동되었으므로 수정세금계산서를 발행해야 한다. 3월 20일자로 반품된 것이므로 반품일자를 작성일자로 기재하고 공급가액에 부(-) 표시를 하여 (-2,000,000) 발행하면 된다. 공급가액이 추가된 경우도 마찬가지다. 추가주문이 들어와 공급가액에 변동이 생겼다면 추가주문을 한 날을 작성일자로 기재하고, 공급가액에 추가된 금액을 적으면 된다.

● **기재사항을 착오로 잘못 기재했을 경우**

　세금계산서를 발행할 때 실수로 공급가액을 잘못 적거나 거래처의 사업자번호, 주소, 대표자 명, 날짜 등을 잘못 적을 수 있다. 이 경우에도 수정세금계산서를 발행해야 하는데, 이때는 (-) 1장과 (+) 1장 총 2장을 발행해야 한다. 예를 들어 4월 1일 공급가액이 100만 원인데, 실수로 0하나를 빼 10만 원으로 적었다면 4월 1일자 부(-) 수정세금계산서 '-10만 원'짜리 1장과 당초에 발급한 작성일자대로 정(+) 수정세금계산서 '+100만 원'을 발급하면 된다. 만약 공급시기의 착오에 의한 수정세금계산서라면 정확한 공급시기를 작성일자로 하여 정(+)의 수정세금계산서를 발급한다.

구분		작성 및 발급방법			수정신고 유무	발급기한
		방법	작성월일	비고란		
환입(반품)		환입 금액분에 대해 부(−) 세금계산서 발급	환입된 날	당초 세금계산서 작성일 기재	수정일자가 포함되는 과세기간분 부가세 신고에 포함하여 신고 (수정신고 불필요)	환입된 날이 속하는 다음달 10일 이내
계약 해제		부(−)의 세금계산서 발급	계약 해제일	당초 세금계산서 작성일 기재	수정일자가 포함되는 과세기간분 부가세 신고에 포함하여 신고 (수정신고 불필요)	계약 해제된 날이 속하는 다음달 10일 이내
공급가액 변동		증감되는 분에 대하여 정(+)/부(−) 세금계산서 발급	변동 사유 발생일	당초 세금계산서 작성일 기재	수정일자가 포함되는 과세기간분 부가세 신고에 포함하여 신고 (수정신고 불필요)	변동사유 발생일이 속하는 다음달 10일 이내
필요적 기재사항 등이 잘못 적힌 경우	착오	부(−)의 세금계산서 1장, 정확한 세금계산서 1장 총 2장 발급	부(−)의 세금계산서는 당초 세금계산서작성일/정(+)의 세금계산서는 정확한 공급시기		당초의 부가세 신고에 영향이 있을 경우 수정 신고	착오사실을 인식한 날
	착오 외					확정신고 기한 다음날부터 1년
착오에 의한 이중발급		부(−)의 세금계산서 발급	당초 세금계산서 작성일		당초의 부가세 신고에 영향이 있을 경우 수정 신고	착오사실을 인식한 날
면세 등 발급대상이 아닌 거래		부(−)의 세금계산서 발급				
세율을 잘못 적용한 경우		부(−)의 세금계산서 1장, 정확한 세금계산서 1장 총 2장 발급				

(표) 수정세금계산서 발급 사유 및 방법

10
가공·위장 세금계산서는 끊지도, 받지도 마라

잉크 및 사무용품을 판매하는 회사를 운영 중인 홍 사장은 최근 큰 고민에 빠졌다. 거래처 중에서도 가장 큰 거래처인 A사로부터 은밀한 부탁을 받았기 때문이다. A사는 부가세 신고를 앞두고 매출에 비해 매입 자료가 너무 부족하다며 실제 거래금액보다 더 많이 끊어달라는 것이었다.

지속적으로 거래를 하는 업체라 부탁을 거절하기가 어려웠다. 그렇다고 1,000만 원 어치 사무용품을 공급했는데, 2,000만 원 어치를 공급한 것처럼 속여 세금계산서를 끊는 것도 찜찜했다. 게다가 A사는 2,000만 원짜리 세금계산서를 끊고 실제 거래액과의 차액인 1,000만 원은 돌려줄 것을 요구했다. 요즘에는 세금계산서 상의 내역을 실제로 주고받았다는 입증할만한 증거가 있어야 하기 때문에 발각되지 않으려면 일단 홍 사장 사업용 계좌로 A사가 2,000만 원을 입금시켜야 한다는 것이었다.

A사가 부탁한 것이 말로만 듣던 가짜 세금계산서인 것 같은데, 안 끊어주자니 괘씸하게 생각해 거래를 끊을 것 같고, 끊어주자니 불법을 저지르는 것 같아 영 마땅치가 않다. 가짜 세금계산서, 한 번쯤은 끊어줘도 괜찮을까?

가공 세금계산서, 위장 세금계산서란?

위의 사례에서 A사가 부탁한 것은 가공 세금계산서에 속한다. 가공 세금계산서는 실제로 재화 또는 용역을 공급하지 않았는데, 마치 공급한 것처럼 발급한 가짜 세금계산서를 의미한다. 아예 재화나 용역을 전혀 공급하지 않고 세금계산서를 발행했거나 위의 사례에서처럼 실제 공급한 금액보다 공급가액을 부풀린 경우 모두 가공 세금계산서에 속한다.

가공 세금계산서와 함께 대표적인 가짜 세금계산서에 속하는 것으로 위장 세금계산서라는 것도 있다. 이는 재화 또는 용역을 공급하고 실제로 재화 또는 용역을 공급한 자 혹은 공급받는 자가 아닌 자의 명의로 세금계산서를 발급한 경우를 말한다. 예를 들어 A업체가 B업체에게 1,000만 원어치 제품을 공급하고 세금계산서는 A업체가 아닌 C업체가 발행했다면 위장 세금계산서에 해당한다. 또한 A업체가 재화나 용역을 공급받은 B업체가 아닌 C업체에게 공급한 것처럼 세금계산서를 발행해도 마찬가지다.

가공 세금계산서든 위장 세금계산서든 둘 다 절대 끊어서도, 받아서도 안 된다. 많은 업체가 부가세를 신고할 때만 되면 가짜 세금계산서의 유혹을 받는데, 절대 금물이다. 특히 위의 사례 주인공인 홍 사장처럼 거래처의 부탁을 거절하기가 어려워 가짜로 세금계산서를 끊어주면 자칫 '자료상'으로 낙인찍힐 우려가 있으므로 조심해야 한다. 자료상이란 실거래와 상관없이 조정한 세금계산서를 파는 사람들이다. 실제로 사업은 하지 않으면서 가짜로 세금계산서를 만들어주고 수수료를 받는 사람도 있고, 좀 더 교묘하게 실제로 사업을 하면서 동종 업종 거래처에만 자료를 만들어주는 사람도 있다. 어떤 경우든 자료상으로 낙인이 찍히면 여러 가지 불이익을 당할 뿐만 아니라 무엇보다 사업을 하는 사람으로서의 신뢰도가 바닥에 떨어지므로 가짜 세금계산서는 발행할 생각도 말고, 받지도 말아야 한다.

가짜 세금계산서, 벌금과 세무조사를 부른다

가짜 세금계산서는 발행한 쪽이나 받은 쪽 모두를 불행하게 만든다. 우선 가짜 세금계산서를 발행한 사업자는 공급가액의 3%에 해당하는 가산세를 물어야 한다. 뿐만 아니라 가짜 세금계산서를 통해 납부한 부가가치세는 발각 즉시 환급을 배제한다.

가짜 세금계산서를 받은 사업자가 감당해야 할 불이익도 상당하다. 기본적으로 실물 거래 없이 가공 세금계산서를 받았다 적발되면 공급가액의 3%에 해당하는 금액을 '가공 세금계산서 수취 가산세'로 물어야 한다.

이 외에도 의도적으로 세금을 줄여 신고한 죄로 '부당과소신고 가산세'와 '납부지연가산세'도 피해갈 수 없다.

예를 들어 공급가액이 1,000만 원인 가공 세금계산서를 샀다 1년 후에 적발되었다면 다음과 같이 가산세를 내야 한다.

구분	발각 후 내야 할 세금	가산세 산정 기준
부가세	1,000만 원 × 10% = 100만 원	
가공 세금계산서수취가산세	1,000만 원 × 3% = 30만 원	공급가액의 3%
부당과소신고가산세	100만 원 × 40% = 40만 원	해당세액의 40%
납부지연가산세	100만 원 × 365 × 0.022% = 8만 300원	미납(초과환급)세액 × 미납일수 × 0.022%
합계	178만 300원	

(표) 가공 세금계산서를 받았을 때 내야 하는 가산세

가공 세금계산서를 받으면 부가세와 관련된 가산세를 내는 것으로 끝나지 않는다. 개인 사업자의 경우 소득세, 법인 사업자의 경우 법인세와 대표자의 소득세와 관련한 가산세를 더 내야 한다.

우선 법인 사업자의 경우 20%의 한계세율을 적용받고, 대표자의 소득세율은 35%가 적용되었다고 가정하면 얼마나 가산세를 물어야 할까?

구분	발각 후 내야 할 세금	가산세 산정 기준
법인세	1,000만 원 × 20% = 200만 원	
부당과소신고가산세	200만 원 × 40% = 80만 원	해당세액의 40%
납부지연가산세	200만 원 × 365 × 0.022% = 16만 600원	미납(초과환급)세액 × 미납 일수 × 0.022%
합계	296만 600원	

(표) 가공 세금계산서를 받았을 때의 법인세와 가산세 합계

구분	발각 후 내야 할 세금	가산세 산정 기준
소득세	1,000만 원 × 35% = 350만 원	
부당과소신고가산세	350만 원 × 40% = 140만 원	해당세액의 40%
납부지연가산세	350만 원 × 365 × 0.022% = 28만 1,050원	미납(초과환급)세액 × 미납 일수 × 0.022%
합계	518만 1,050원	

(표) 가공 세금계산서를 받았을 때의 법인 대표자의 소득세와 가산세 합계

개인사업자의 경우도 소득세와 가산세를 내야 한다. 개인사업자의 소득세율이 35%였다고 가정했을 때 내야 할 소득세와 가산세는 다음과 같다.

구분	발각 후 내야 할 세금	가산세 산정 기준
소득세	1,000만 원 × 35% = 350만 원	
부당과소신고가산세	350만 원 × 40% = 140만 원	해당세액의 40%
납부지연가산세	350만 원 × 365 × 0.022% = 28만 1,050원	미납(초과환급)세액 × 미납 일수 × 0.022%
합계	518만 1,050원	

(표) 가공 세금계산서를 받았을 때의 개인 사업자의 소득세와 가산세 합계

이처럼 가짜 세금계산서를 주고받았을 때 내야 하는 가산세가 엄청나지만 더 심각한 것은 이로 인해 세무조사를 받고, 조세범으로 처벌을 받을 수도 있다는 것이다. 조세범으로 몰리면 가산세와는 별도로 3년 이하의 징역 혹은 탈세액의 3배 이하의 벌금을 물어야 한다.

구분		공급자	공급받은자
가공 세금계산서	사업자	매출액 경정청구 가능	공제받은 매입세액 추징
		매출세금계산서불성실가산세	매입세금계산서불성실가산세 신고불성실가산세 납부지연가산세 (결산시 원가 인정 안 됨)
	자료상	매출 부가세 환급하지 않음	공제받은 매입세액 추징
		조세범 처벌	조세범 처벌
위장 세금계산서		매출액 변동 없음	공급받은 매입세액 추징
		매출세금계산서불성실가산세	매입세금계산서불성실가산세 신고불성실가산세 납부지연가산세 (결산시 원가는 인정됨)

(표) 가짜 세금계산서를 발행하거나 발급받았을 때의 가산세

자료상과 거래할 때의 안전장치

고의적으로 가짜 세금계산서를 발행하거나 받는 사업자들도 있지만 어쩔 수 없이 가짜 세금계산서를 받는 사업자들도 있다. 가짜 세금계산서를 받으면 매입세액공제를 받을 수가 없다. 하지만 실제 거래한 업체가 아닌 다른 업체로부터 세금계산서를 받았다면 소득세를 낼 때 비용으로 인정받을 수는 있다. 다만 비용으로 인정받으려면 실제 거래한 업체와 거래를 했다는 증빙자료가 있어야 한다. 그 증빙자료를 잘 챙겨놓으면 불이익을 최소화시킬 수 있다.

모든 거래가 정상적인데, 거래업체가 자료상으로 의심될 경우에도 증빙자료는 큰 도움이 된다. 거래업체가 자료상으로 드러나 세무조사를 받으면 모든 거래를 정상적으로 했더라도 실제 거래를 했는지 입증해야 하는 처지가 될 수 있다. 이때 증빙자료가 불충분하면 오해를 받을 수 있으니 거래처가 자료상으로 의심되면 더더욱 철저하게 증빙자료를 챙겨놓는 것이 좋다.

가장 좋은 증빙자료는 거래 사실을 증명해주는 금융기관 거래 내역이지만 사정상 금융거래를 할 수 없다면 거래상대방의 사업자등록증을 받아놓고, 수표 사본을 해놓거나 거래명세서에 운송자의 인적사항(성명, 주민등록번호 등) 그리고 운반차량의 차량번호를 기록해놓는 것이 바람직하다. 또한 통장에서 지급한 금액이 실제 사업자 이름이 아니면 세무서에서 인정해주지 않으므로 사업자와의 관계를 기록해두어야 한다. 현금으로 지급할 때 입금증이나 인출근거 입금표는 인정해주지 않으므로 주의해야 한다.

11
경비로 인정받을 수 있는 접대비, 한도가 정해져 있다

∙∙∙

홍보, 마케팅 대행회사를 설립한 최 사장. 사업의 성격상 제조업처럼 시설 투자가 많이 필요하지는 않지만 거래처를 접대하는 데 드는 비용이 만만치가 않다. 특히 홍보 대행을 하려면 언론사와 TV 매체와의 관계가 중요해 주기적으로 접대를 할 수밖에 없다.

물론 최 사장은 접대라는 명목 하에 지나치게 지출을 많이 하는 것을 좋아하지 않는다. 사업 초기라 접대비로 지출할 여력도 많지 않다. 하지만 접대를 하지 않으면 사업이 매끄럽게 진행되지 않으니, 이왕 접대를 하려면 제대로 하고, 확실한 효과를 얻는 것이 좋다는 생각이다. 그래서 접대비로 쓴 내역을 꼼꼼하게 챙기고 있는데, 얼마 전 선배로부터 뜻밖의 소리를 들었다.

"접대비는 무한정 쓸 수 있는 게 아냐. 일정 한도액을 넘으면 경비로 인정받기 힘들어."

분명 사업을 위해 접대비로 쓴 것인데, 다 인정받을 수 없다니, 청천벽력과도 같은 소리였다. 선배의 말이 정말 사실일까?

접대비, 한도액 정해져 있다

사업을 하다 보면 접대를 할 일이 종종 있다. 꼭 접대를 해서 일을 성사시키려는 불순한 의도가 아니라도 고마움을 표시하기 위해 접대를 하고 싶을 때도 많다. 하지만 접대가 본래의 순수한 의도를 벗어나 비즈니스의 수단으로 악용되면서 과도하게 접대비를 지출하는 업체들도 적지 않다.

실력과 능력이 아닌 과도한 접대로 사업상 이득을 얻는 것은 공정한 상거래 분위기를 해치는 일이다. 따라서 세법상 접대비 한도액을 설정해 지나치게 접대비를 많이 쓰지 않도록 하고 있다. 세법에서 정한 접대비 한도액은 다음과 같다.

> 접대비 한도액 = 기본금액 + 수입금액 기준금액

기본금액은 중소기업의 경우 연간 3,600만 원, 일반기업은 1,200만 원이 기준이다. 이 금액을 당해 사업연도의 월수를 곱하고 이를 12로 나누어 산출한 금액이 기본금액이다. 사업연도 월수가 1개월 미만이면 1월로 계산하면 된다. 예를 들어 202X년 10월 15일에 중소기업을 창업했다면 사업연도 월수는 3개월이 된다. 따라서 3,600만 원×3/12=900만 원이 기본금액이 된다.

수입금액기준 금액은 수입금액 규모에 따라 인정해주는 비율이 다르다. 수입규모에 따른 접대비 인정율은 다음과 같다.

수입금액 구분	수입금액 범위	접대비 인정율
일반수입금액	100억 원 이하	0.3%
	100억 원 초과 500억 원 이하	0.2%
	500억 원 초과	0.03%
특정수입금액	특수관계자 매출	일반수입금액에 대한 구간별 접대비 인정율의 10%

(표) 수입금액기준 금액 산정 기준

* 부동산임대업을 주업으로 하는 법인 등 특정법인은 일반법인 접대비 한도액의 50%로 한다. 또한 정부가 20% 이상을 출자한 법인(공기업·준정부기관이 아닌 상장법인은 제외한다)과 동 법인이 최대주주인 법인의 접대비 한도액은 일반법인 접대비 한도액의 70%로 한다.

    예를 들어 연 수입금액이 10억 원이라면 수입금액 범위가 100억 원 이하이므로 10억 원×0.3%=300만 원이 수입금액기준 한도액이 된다. 결과적으로 202X년 10월 15일에 창업해 그 해 10억 원의 매출을 올린 중소기업의 경우 900만 원의 기본금액에 300만 원의 수입금액을 더한 1,200만 원이 접대비 한도액이고, 이 금액까지만 경비로 인정받을 수 있다.

    일반적으로 접대비 한도액은 기본금액과 수입금액 기준금액을 더해 산출한다. 이와는 별도로 접대비에 포함시킬 수 있는 것이 있다. 바로 '문화접대비'이다. 요즘엔 접대문화도 많이 달라져 술이나 골프 접대 외에도 연극이나 공연 등 문화접대를 하는 경우도 많다. 2022년 12월 31일 이전에 지출한 문화접대비에 대해서는 해당 과세연도의 소득금액을 계산할 때 일반접대비 한도액에 일정한 문화접대비 한도액을 가산해주고 있다. 문화접대비 한도액은 다음과 같이 계산한다. 둘 중 적은 금액을 인정해준다.

① [문화접대비지출액]
② [일반접대비 한도액 × (20/100)]

접대비를 경비로 인정받으려면 적격증빙 필수

일정 금액까지 접대비를 경비로 인정받을 수 있지만 이는 어디까지나 증빙자료를 갖추었을 때의 얘기다. 특히 접대비는 증빙자료를 까다롭게 요구하기 때문에 꼼꼼하게 접대비를 챙겨 인정받지 못하는 불상사를 막아야 한다. 접대비 관련 증빙자료를 갖출 때 주의해야 할 점은 다음과 같다.

- 간이영수증은 접대비 3만 원까지만 허용된다

소액거래일 경우에는 간이영수증으로 대신하는 경우가 많다. 간이영수증의 경우 접대비는 2020년까지는 1만 원까지만 허용되었으나 2021년 1월 1일 이후 지출분부터는 일반적인 경비와 마찬가지로 3만 원까지 인정받을 수 있게 되었다. 3만 원이 넘는 접대비는 신용카드매출전표, 현금영수증 등을 챙겨두어야 한다. 세금계산서나 계산서는 당연히 훌륭한 증빙자료 역할을 한다.

- 개인적 경조사비를 경비로 처리하지 않는다

사업과 관련된 경조사비는 경비로 인정받을 수 있다. 그래서 사업자들 중에는 개인적으로 지출한 경조사비까지 경비로 처리하려는 분들이 많은

데, 위험천만한 일이다. 개인적으로 지출한 것인지, 사업적으로 지출한 것인지 어떻게 알 수 있겠느냐고 생각할 수 있지만 조금만 조사하면 금방 드러난다.

경조사비도 다른 지출과 마찬가지로 지출증빙서류가 있어야 경비로 처리할 수 있다. 하지만 경조사비는 증빙서류를 챙기기가 현실적으로 어렵다. 따라서 건당 20만 원까지는 증빙이 없어도 필요경비로 인정해준다. 대신 경조사비를 지출하고 지급일, 지급처, 지급금액에 대한 기록은 남겨둬야 한다.

12
대출금, 갚는 게 유리할까?
이자를 내는 게 유리할까?

● ● ●

홍 사장은 3년 전 사업을 시작하면서 자본이 부족해 은행에서 1억 원을 대출받았다. 처음 대출을 받을 때는 언제 사업이 자리를 잡아 1억 원을 갚을 수 있을지 암담했다. 하지만 밤낮을 가리지 않고 일한 덕분에 사업 2년차에 접어들면서 수익이 나기 시작했고, 얼마 전 대출금을 갚을 수 있을 정도의 돈이 모였다.

원래 홍 사장은 남에게 빚지고 못 사는 성격이다. 사업자금이 부족해 어쩔 수 없이 1억 원을 대출받았지만 혹시라도 1억 원을 갚지 못할까 그동안 노심초사하며 살았다. 다행히 1억 원을 갚을 수 있는 상황이 되니 하루라도 빨리 대출금을 갚고 싶었다. 하지만 사업을 좀 해 본 사람들은 하나같이 말렸다.

"사업한다는 사람이 빚을 두려워하면 어떡하나? 요즘 자기 자본만으로 사업하는 사람이 어디 있어? 빚도 재산이야."

"사업적인 측면에서도 이자를 비용 처리할 수 있기 때문에 빚을 갚지 않는 게 훨씬 유리해."

정말 사업을 하면 대출금을 갚을 능력이 돼도 안 갚는 게 유리할까?

사업과 관련한 대출금 이자, 경비 처리 가능

자기자본만으로 사업을 하는 사업자는 거의 없다. 부족한 사업자금을 마련하기 위해 빌린 대출금 자체는 경비 처리를 할 수 없지만 대출금 이자는 경비로 인정받을 수 있다. 다만 그러려면 장부를 기장해야 한다. 장부를 기장하지 않고 경비율에 의해 소득금액을 계산할 때는 경비로 인정받지 못 한다. 모든 경비가 그렇듯 이자도 이자로 지출했음을 증명할 수 있는 증빙서류를 갖추는 것은 필수다.

또 한 가지 이자를 경비로 처리할 때 주의해야 할 점이 있다. 자산보다 많은 금액을 대출받았을 때는 자산을 초과하는 대출금에 대한 이자는 경비로 처리할 수 없다. 부채 합계액이 사업용 자산의 합계액을 초과하는 금액을 '초과인출금'이라 하는데, 소득세법 상 초과인출금에 대한 지급이자는 필요경비에 산입하지 않는 것으로 규정하고 있다.

사업용 자산에는 임차보증금, 유형자산(토지, 건물, 장비, 냉난방기, 컴퓨터 등 기업의 영업목적을 달성하고자 장기간에 걸쳐 계속 사용할 목적으로 보유하고 있는 자산), 재고품 등이 포함된다. 대출금이 사업용 자산을 초과하지 않는 한도 내에서는 이자를 계속 경비 처리할 수 있다.

단, 사업용 자산은 대부분 시간이 지나면서 감가상각이 일어나는 자산이어서 해가 거듭될수록 자산규모는 줄어든다. 이를 감안하지 않으면 어느 순간 자산보다 대출금이 많아질 수 있으므로 주기적으로 자산을 점검해 자산을 초과하는 대출금을 갚아야 절세에 유리하다.

타인 명의로 사업자금 대출을 받았을 때의 경비 처리

사업과 관련해 대출을 받을 때 담보를 요구하는 은행들이 많다. 이때 담보물이 없는 사업자들은 부모나 형제 등 다른 사람의 부동산을 담보로 대출을 받을 수 있다. 이처럼 어쩔 수 없이 다른 사람 명의로 사업자금을 대출 받았을 때 이자를 경비 처리할 수 있는지 묻는 사업자들이 많다.

타인 명의로 대출을 받았더라도 실제 대출금을 사용하는 사람이 사업자이고, 사업을 하는데 쓰고, 이자를 갚고 있음을 확인할 수 있다면 경비로 처리할 수 있다. 단, 증빙서류를 확실하게 갖추어야 한다. 또한 은행 이자비용과 사업자가 대신 대출을 받아준 사람에게 지급한 이자가 차이가 나면 경비로 인정받기 어렵다.

대출금을 갚지 않는 게 절세에 도움

　대출을 받고 사업을 잘해 대출금을 갚을 수 있을 정도로 돈을 벌었을 때는 어떻게 해야 할까? 요즘에는 돈이 있어도 투자할만한 방법이 많지 않다. 하지만 투자해서 대출금 이자 정도만 수익을 얻더라도 갚지 않고 투자하는 것이 유리하다.

　수익금 1억 원으로 대출금을 갚았을 때와 투자했을 때를 비교해보자. 투자는 수익성을 최우선적으로 고려해 저축은행에 예치한다고 가정하자. 저축은행 이율이 5%이고, 대출 이자도 5%로 가정하면 대출이자와 예금이자는 500만 원으로 동일하다. 여기까지만 생각하면 대출금을 갚았을 때와 투자했을 때의 차이가 없어 보인다. 하지만 대출 이자로 갚은 500만 원은 경비로 처리할 수 있기 때문에 그만큼 절세효과를 얻을 수 있다.

　이자를 경비 처리했을 때 얻을 수 있는 절세효과는 소득과 비례한다.

소득금액이 낮아 소득세율이 15%라면 500만 원×15%=75만 원을 절세할 수 있지만, 소득금액이 높아 최고세율인 42%의 소득세를 내야 한다면 500만 원×42%=210만 원을 절세할 수 있다. 결코 무시할 수 없는 큰 금액이다.

구분	대출금 상환했을 때	대출금 상환하지 않고 투자했을 때
이익	투자이익 없음	1억 원 × 5% = 500만 원
비용	이자비용 없음	1억 원 × 5% = 500만 원
절세효과	절세효과 없음	소득세율 만큼 절세효과

(표) 대출금 상환했을 때와 상환하지 않고 투자했을 때의 절세효과 비교
(대출이자와 예금이자는 모두 5%로 가정)

13
감가상각자산을 처리하는 데도 기술이 필요하다

...

김 사장은 밤낮을 가리지 않고 열심히 일해 창업 2년 만에 대출받은 사업자금을 모두 갚고 적지 않은 목돈을 손에 쥘 수 있었다. 목돈을 어떻게 투자하는 것이 좋을까 고민하다 매달 대여료를 주고 사용하고 있던 고가의 기계장치를 구입하기로 마음먹었다. 요즘 금리가 싸서 은행에 예치해도 이자가 많이 붙지 않는다. 얼마 되지 않은 이자를 보고 목돈을 묵혀두는 것보다는 매달 발생하는 고정비 부담을 없애는 게 훨씬 이득이라는 생각에서였다. 당연히 종합소득세를 낼 때 기계장치 구입비를 비용으로 인정받을 수 있을 거라고 생각했다.

들뜬 마음으로 기계장치를 구입하고 설치도 해놓았는데, 불안한 소식이 들렸다. 종합소득세 신고를 앞두고 준비를 하는데, 기계장치를 구입하는데 투자한 돈을 전부 비용 처리할 수 없다는 것이었다. 기계장치는 감가상각 대상이어서 한꺼번에 비용 처리를 못하고 내용연수를 적용해야 한단다. 내용연수를 적용하는 방법도 여러 가지라는데, 어떻게 처리하는 것이 가장 절세하는 지름길일까?

정액법 vs 정률법

자동차, 기계, 건물 등은 시간이 지나면서 가치가 감소한다. 이런 고정자산을 감가상각자산이라 하는데, 일반적으로 감가상각자산을 구입하면 부가세는 매입세액공제를 받을 수 있지만 법인세나 소득세를 신고할 때 한꺼번에 비용으로 처리할 수 없다.

그렇다면 감가상각자산은 어떻게 비용처리를 해야 할까? 감가상각자산에는 흔히 '내용연수'가 적용된다. 내용연수란 감가상각자산을 사용할 수 있는 기간으로 내용기간 혹은 내구연수라고도 부른다. 각 감가상각자산의 내용연수는 세법으로 정해놓았는데, 내용연수에 따라 비용을 인정받을 수 있다. 예를 들어 내용연수가 10년인 자산일 경우 그 중 한해에 해당하는 비용만을 경비로 인정받을 수 있다는 얘기다.

'내용연수'란 감가상각자산이 사용되는 연수이며 이는 세법에 정해져 있다. 내용연수 동안 비용을 인식하는 방법은 크게 정액법과 정률법 두 가지가 있다. 정액법은 말 그대로 내용연수 동안 매년 동일한 금액을 감가상각비로 인식하는 것이고, 정률법은 처음에는 비용을 많이 인식하고 시간이 지날수록 비용을 적게 인식하는 방법이다.

감가상각자산을 구입하면 법인세나 종합소득세를 신고할 때 정액법으로 할 것인지, 정률법으로 할 것인지와 내용연수를 신고해야 한다. 그래야 매년 인정받을 수 있는 감가상각비의 한도가 정해진다. 정액법과 정률법의 연간 감가상각비를 계산하는 방법은 다음과 같다.

> 정액법 = 취득원가/내용연수
>
> 정률법 = 미상각잔액×상각률
>
> * 미상각잔액 = 취득원가 − 감가상각 누계액
> * 상각율: 2년 0.777, 3년 0.632, 4년 0.528, 5년 0.451,
>   6년 0.394, 7년 0.349, 8년 0.313, 9년 0.284, 10년 0.259

이를 기준으로 기계장치를 1억 원에 구입하고 정액법을 적용했을 때와 정률법을 적용했을 때의 감가상각비는 다음과 같다. 여기서는 편의상 내용연수를 5년으로 하고 잔존가치도 0으로 하고 감가상각비를 계산해보자.

구분	기준내용연수 및 내용연수범위(하한~상한)	구조 또는 자산명
1	5년(4~6년)	차량 및 운반구(운수업, 임대업(부동산 제외)에 사용되는 차량 및 운반구 제외), 공구, 기구 및 비품
2	12년(9~15년)	선박 및 항공기(어업, 운수업, 임대업(부동산 제외)에 사용되는 선박 및 항공기 제외)
3	20년(15~25년)	연와조, 블록조, 콘크리트조, 토조, 토벽조, 목조, 목조모르타르조, 기타 조의 모든 건물(부속설비 포함)과 구축물
4	40년(30~50년)	철골·철근 콘크리트조, 철근콘크리트조, 석조, 연와석조, 철골조의 모든 건물(부속설비를 포함)과 구축물

(표) 건축물 등의 기준내용 연수 및 내용연수범위

우선 정액법으로 계산하면 기계장치 취득원가 1억 원을 내용연수 5년으로 나누면 매년 2,000만 원을 감가상각비로 처리할 수 있다. 정률법을 적용하면 첫해의 감가상각비는 (취득원가−감가상각 누계액)×상각률=

1억 원×0.451=4,510만 원이다. 그 다음해는 (1억 원-4,510만 원)×0.451 =24,759,900원으로 감가상각비가 줄어든다. 정률법의 경우 해가 지날수록 감가상각비가 더 줄어드는 특징을 갖고 있다. 정액법과 정률법을 적용했을 때의 감가상각비는 다음 표로 정리해놓았다. 정률법으로 계산할 경우 일반적으로 내용연수 맨 마지막 해에는 취득원가에서 감가상각누계액을 차감한 금액 모두를 감가상각비로 처리할 수 있다.

구분	정액법을 적용했을 경우	정률법을 적용했을 경우
1차년도	20,000,000원	45,100,000원
2차년도	20,000,000원	24,759,900원
3차년도	20,000,000원	13,593,185원
4차년도	20,000,000원	7,462,658원
5차년도	20,000,000원	9,084,257원
합계	100,000,000원	100,000,000원

(표) 정액법과 정률법을 적용했을 때의 감가상각비 비교

이처럼 정액법을 적용했을 때와 정률법을 적용했을 경우에는 매년 인정받을 수 있는 감가상각비가 차이가 많이 난다. 한 번 방법을 정하면 계속 그 방법을 적용하므로 어떤 방식이 더 유리할 지 신중하게 고려해 신고하는 것이 좋다. 단, 감가상각방법을 따로 신고하지 않으면 정률법으로 신고한 것으로 간주하고, 건축물과 업무승용차에 대해서는 정액법만 적용할 수 있다.

감가상각비는 장부에 비용으로 기록되어 있어야만 세법상 비용으로 인

정받을 수 있다. 더 많은 금액을 비용으로 처리하기 위해 정해진 한도금액보다 부풀려 기록하는 분들이 간혹 있는데, 한도금액보다 초과한 금액은 비용으로 인정되지 않는다. 반면 정해진 금액보다 적게 장부에 기록하는 경우는 다르다. 장부에 기록한 만큼만 비용으로 인정되고, 부족분은 추후 년도에 합산해 비용으로 인정받을 수 있다.

내용연수를 줄여 신고하면 절세효과

감가상각자산의 내용연수는 세법으로 정해져 있지만 기준내용연수의 25%에 해당하는 연수를 가감해 신고할 수 있다. 예를 들어 기준내용연수가 10년일 경우 2.5년을 가감한 7.5~12.5년 중 선택해 신고해도 괜찮다. 일정한 범위 내에서 내용연수를 가감해 신고할 수 있다면 줄여서 신고하는 것이 절세에 도움이 된다. 특히 개인사업자라면 고정자산을 처분해 손실이 발생해도 이를 비용으로 인정받을 수 없기 때문에 내용연수를 단축해 신고하는 것이 유리하다. 즉 내용연수가 지나기 전에 고정자산을 처리하면 미처 감가상각 혜택을 받지 못한 부분이 생기는데, 이를 구제할 방법이 없다. 법인은 다르다. 법인은 처분할 때 손익을 인식하므로 감가상각 혜택을 받지 못한 부분을 전부 비용으로 처리할 수 있다.

그렇다면 내용연수를 줄여 신고했을 때 어느 정도 절세효과를 볼 수 있을까? 우선 절세효과를 보려면 정액법보다는 정률법을 적용하는 것이 좋다. 개인사업자가 기준내용연수가 5년인 고정자산을 5,000만 원에 구입하고 3년만에 처분한다고 가정해보자. 정액법을 적용했을 때와 정률법을 적용했을 때도 차이가 있지만 정률법을 적용하더라도 내용연수를 5년으로 신고했을 때와 단축해 4년으로 신고했을 때도 차이가 난다.

구분	내용연수 5년 신고 시		내용연수 4년 신고 시	
	정액법	정률법	정액법	정률법
1차년도	10,000,000원	22,550,000원	12,500,000원	26,400,000원
2차년도	10,000,000원	12,379,950원	12,500,000원	12,460,800원
3차년도	10,000,000원	6,796,593원	12,500,000원	5,881,498원
합계	30,000,000원	41,726,543원	37,500,000원	44,742,298원

(표) 내용연수를 줄여 신고했을 때의 비용 처리

표에서도 알 수 있듯이 내용연수를 5년으로 신고했을 때 정액법으로 계산했을 때는 3,000만 원만 비용으로 인정받고 나머지 2,000만 원은 구제받을 수가 없다. 정률법을 적용했을 때는 총 41,726,543원을 비용으로 인정받을 수 있어 손해의 폭이 한결 줄어든다. 또한 내용연수를 4년으로 적용하면 그만큼 비용으로 인정받을 수 있는 금액이 커진다.

중고자산을 구입했을 때는 내용연수를 더 줄일 수 있다. 중고자산은 기준내용연수의 50% 이상이 경과된 자산을 의미하며 기준내용연수의 50%에 해당하는 연수로 단축해 신고하면 된다.

14
증빙 없는 임차료를 경비처리 할 수 있을까?

• • •

　김 사장은 사업이 잘 돼 좀 더 넓은 사무실을 알아보기 위해 발품을 팔던 중 마음에 쏙 드는 사무실을 발견했다. 교통도 편하고, 공간도 널찍하고 임차료도 비싸지 않았다. 그런데 건물주가 세금계산서를 끊을 때는 임차료를 낮추자고 제안했다. 소문으로만 듣던 다운계약서를 요구한 것이다. 김 사장은 고민에 빠졌다. 임차료가 월 250만 원인데, 건물주의 요구대로 150만 원으로 세금계산서를 끊으면 월 100만 원이라는 적지 않은 돈이 공중에 뜬다. 분명 임차료로 지불했음에도 세금계산서를 끊지 않으면 경비로 인정받을 수 없다고 생각하니 돈이 아까웠다. 그렇다고 사무실을 포기하기에는 사무실이 너무 마음에 들었다. 어떻게 하는 것이 좋을까?

사업용 계좌에서 이체하면 전액 경비 처리 가능

　건물주가 다운계약서를 요구하는 이유는 간단하다. 임대료 소득이 많아지면 그만큼 소득세를 많이 내야 하기 때문에 실제 받는 임대료보다 적게 신고하고 싶어 한다. 그래서 예전에는 암암리에 다운계약서가 성행했지만 요즘에는 이를 방지하기 위한 제도적 장치가 비교적 잘 마련되어 있어 많이 줄어든 상태다. 즉 현재 국세청은 임대인이 부가세를 신고할 때 부동산임대공급가액명세서를 제출하도록 요구한다. 부동산임대공급가액명세서에 층별, 호수별로 임차인의 상호, 사업자등록번호, 임대차기간, 보증금, 월임대료 등을 자세히 기재해 신고하도록 의무화하고 있다. 뿐만 아니라 임차인도 사업자등록증 발급신청을 할 때 임대인의 상호, 사업자등록번호, 임대차기간, 보증금, 월임차료 등을 자세히 기재해야 한다. 따라서 임대인과 임차인이 서로 다른 내용으로 신고하면 바로 확인되기 때문에 예전처럼 건물주가 임대료를 다운해 신고하기가 어려워졌다.

　아예 세금계산서를 끊어주고 싶어 하지 않는 임대인도 있다. 임차료가 적을 경우 이런 일이 많이 생기는데, 걱정할 필요 없다. 임대인이 실제보다 적은 금액으로 세금계산서를 끊거나 아예 세금계산서를 끊어주지 않아도 실제로 지불한 임차료를 100% 경비 처리할 수 있는 방법이 있다. 임차료는 주요 경비에 해당한다. 주요 경비는 사업용 계좌에서 이체하는 것이 원칙이다. 따라서 다운계약서를 작성했어도 임차료를 사업용 계좌에서 이체하고, 임대차계약서 등 관련 증빙이 있으면 전액 경비 처리할 수 있다.

이렇게 적격증빙을 미수취한 경우에도 실제 거래가 있었다면 거래사실을 입증할 수 있는 증빙서류(계약서, 영수증, 거래명세서, 송금영수증 등 대금지급증빙)를 통해 사업과 관련된 지출임이 객관적으로 확인되는 경우 장부에 의하여 사업소득금액을 계산시 당해 사업연도의 필요경비로 인정받을 수 있다. 다만, 세금계산서 등 세법에서 정하는 적격증빙이 아니기 때문에 미수취금액의 2%에 해당하는 증빙불비가산세는 물어야 한다.

편법은 피하는 게 최선

건물주가 실제 임차료보다 금액을 낮춰 세금계산서를 발행했어도 사업용 계좌로 임차료를 이체했다면 전액 경비 처리가 가능하다. 하지만 여러 가지 복잡한 문제가 발생한다. 예를 들어 김 사장의 경우 실제 임차료는 250만 원인데, 건물주가 150만 원으로 낮춰 세금계산서를 발행했다면 건물주는 임차료 150만 원에 부가세 15만 원을 더한 165만 원을 신고할 것이다. 그렇지만 임차인인 김 사장은 실제로 165만 원에 100만 원을 더해 265만 원(VAT 포함)을 임차료로 계산해 종합소득세를 신고할 것이다.

수입금액을 신고한 쪽과 필요경비를 신고한 쪽의 신고 내용이 다르면 둘 중 누군가는 잘못 신고했다고 판단해 어떻게 된 것인지를 해명하라는 안내문을 보낸다. 소명하는 과정에서 임대인이 의도적으로 임차료를 줄여 신고한 것이 드러나면 과세당국은 건물주에게 과거 5년 치까지 부가가치세 및 소득세를 추징할 수 있다.

분명 애초부터 다운계약서를 요구한 건물주가 잘못한 것이지만 임차인의 소명에 의해 세금추징을 당한다면 임대인과 임차인의 관계는 악화될 수밖에 없다. 임대차기간이 만료되었을 때 재계약이 불가능해질 것은 말할 것도 없고, 건물주가 추징된 세금 일부를 책임지라고 해 소모적인 싸움을 해야 할 수도 있다.

결국 현실적인 선택은 두 가지다. 다운계약서를 요구할 경우 수용하고 건물주가 발행해준 세금계산서 금액대로 신고하든지, 아니면 건물이 아무리 마음에 든다 해도 원칙적으로 깔끔하게 세금계산서를 처리해주는 다른 건물을 찾아야 한다. 다만 건물주의 요구를 수용해 부가세를 신고할 때 건물주가 발행한 세금계산서대로 신고했더라도 사업용 계좌에서 임차료 전액을 이체했다면 향후 세무조사를 받을 때 문제가 될 수 있으니 다운계약서를 요구하는 건물은 피하는 것이 최선이다.

15 권리금도 비용으로 처리할 수 있을까?

•••

약사인 강 민수 씨는 5년 동안 근무 약사로 경험을 쌓고, 올해 처음 약국을 인수하게 되었다. 집 가까운 곳에 있던 약국인데 남아있는 약부터 시설, 집기 등을 다 인수하기로 했다. 이와는 별도로 권리금을 요구하는데, 액수가 만만치 않다. 큰 금액이어서 비용으로 처리하고 싶은데, 약국을 양도해줄 약사는 별도로 세무처리를 하지 않았으면 한다. 어떻게 하는 것이 좋을까?

포괄양수인 경우 권리금 기타소득으로 처리

약국뿐만 아니라 식당, 미용실로 운영되던 상가를 빌려 같은 업종을 운영하려 할 때는 대부분 '권리금'을 내야 한다. 많은 경우 세금 부담 때문에 권리금을 세무 처리 하지 않기를 원하지만 원칙적으로는 정상적으로 세무 처리하는 것이 바람직하다. 그렇게 하지 않으면 권리금 미신고로 세무조사를 받을 수 있기 때문이다.

우선 권리금은 재화의 공급으로 분류되기 때문에 부가세가 과세된다.

하지만 포괄양수를 할 경우에는 재화로 보지 않아 부가세가 과세되지 않으므로 세금계산서를 발급하지 않아도 된다. 대신 포괄양수를 하는 경우 권리금은 기타소득에 해당한다. 따라서 권리금을 지급하는 사람은 권리금의 8.8%를 원천징수하고 그 금액을 뺀 권리금을 양도자에 지급하면 된다. 원천징수한 세금은 그 다음달 10일까지 신고·납부해야 한다. 그리고 다음해 2월말까지 기타소득 지급명세서를 제출해야 한다.

권리금을 받은 양도자는 다음해 종합소득세를 낼 때 권리금의 40%를 소득금액에 합산해 신고해야 한다. 양수자가 미리 원천징수했던 금액은 종합소득세를 낼 때 차감된다. 또한 포괄양수인 경우 권리금에 대한 세금계산서를 발행하지는 않지만 양수자는 무형자산으로 계상하고 5년 동안 비용처리할 수 있다.

포괄양수가 아닐 때는 세금계산서 필요

포괄양수가 아닐 때는 양도할 사업자가 세금계산서를 발행해야 한다. 권리금을 지급한 사업자는 부가세를 신고할 때 매입세액공제를 받을 수 있다.

세금계산서를 받은 권리금은 무형자산의 일부인 영업권으로 재무상태표에 계상해 5년간 감가상각을 통해 비용처리하면 된다. 무형자산은 통상적으로 정액법으로 5년 동안 감가상각한다. 또한 세금계산서 발급과는 별도로 양수자는 기타소득에 대한 원천징수를 하고 지급명세서를 제출해야 한다.

Part 3.
인건비를 지출하는 데도 기술이 필요하다

01
4대 보험료도 절세 가능할까?

•••

    온라인 마케팅 회사를 차린 이 사장은 처음에는 혼자 사업을 했는데, 사업이 번창하면서 도저히 혼자서는 감당이 안 돼 직원을 뽑았다. 그렇게 한두 명씩 직원을 뽑다 보니 어느새 직원이 6명으로 늘었다.

    일이 많아 직원을 뽑은 건 행복한 일이지만 직원을 관리하는 일이 생각보다 어려웠다. 직원을 한 명 뽑을 때마다 부담해야 하는 비용도 생각보다 많다. 월급만 잘 주면 될 줄 알았는데, 기본적으로 4대 보험에 가입해야 한단다. 당연히 직원들의 복지를 위해 4대 보험에 들어야하지만 보험료 부담이 만만치 않다. 4대 보험 대부분이 사업자와 근로자가 절반씩 부담하는데, 4대 보험 중에서도 국민연금과 건강보험은 보험료 액수가 많아 사업자가 감당해야 하는 부담이 꽤 큰 편이다.

    꼭 4대 보험에 가입해야 할까? 그렇다면 가능한 한 4대 보험료를 최소화시킬 수 있는 방법은 없을까? 보험료를 줄이면 이 사장도 좋지만 직원도 월급에서 보험료로 제하는 금액이 줄어드니 서로 좋은 일이란 생각이 든다.

4대 보험 신고는 선택이 아닌 의무!

국민연금, 국민건강보험, 고용보험, 산재보험을 4대 보험이라 부른다. 직원을 채용하면 사업자는 이 4대 보험을 신고해야 한다. 직원이 단 한 명이라도 예외는 없다.

사업자 입장에서는 4대 보험이 부담스러울 수 있다. 국민연금과 건강보험(장기요양보험 포함)은 사업자와 직원이 보험료를 반반씩 부담해야 하고, 고용보험은 사업자가 직원보다 더 많은 금액을 부담하고, 산재보험은 사업자가 전부 내야 하기 때문이다. 물론 고용보험과 산재보험은 보험료가 그리 많지 않아 큰 걱정은 없지만 국민연금과 건강보험은 보험료가 비교적 비싼 편이어서 직원이 많아질수록 보험료 부담도 커질 수밖에 없다.

하지만 4대 보험은 직원들에게 꼭 필요한 안전장치나 다름없다. 직원을 뽑는다면 처음부터 4대 보험료까지 감안해 자금흐름을 계산해 운영하는 것이 사업자의 도리다.

4대 보험은 각각 보험료를 산정하는 기준과 신고해야 하는 기간 등이 다르다. 4대 보험의 납부금액은 평균 월 급여를 기준으로 책정된다. 건강보험료와 고용보험 및 산재보험료는 다음연도에 연말정산과정을 거쳐 실제 소득금액이 확정되면 이를 기준으로 보험료가 재조정된다. 반면 국민연금은 전년도 소득금액을 기준으로 산정되며, 다른 보험처럼 연말정산 과정을 거쳐 재조정되지 않는다. 따라서 처음 국민연금에 가입할 때는 예상 월 소득을 신고하고, 이를 기준으로 납부금액을 산정하면 된다.

구분		국민연금	건강보험	고용보험	산재보험
가입대상		18세 이상 60세 미만인 자	모든 근로자 및 사용자	모든 근로자	근로자를 사용하는 모든 사업장
의무가입		가입대상에 해당하는 근로자가 발생한 경우 의무가입대상이 된다. (즉, 근로자 1인 이상 사업장)			
신고의무		다음달 15일	14일 이내		
납부금액		기준소득월액 × 요율			
보험료	사업자	4.5%	3.495%(장기요양보험료는 건강보험료의 12.27%)	1.05% (150명 미만 기업)	전액부담
	근로자	4.5%	3.495%(장기요양보험료는 건강보험료의 12.27%)	0.8%	
	합계	9.0%	7.846%	1.85%	업종별로 다름

(표) 4대 보험 신고 및 납부 방법

매월 1일을 피해 직원 채용하면 보험료 절세

이 사장은 처음 직원을 채용할 때 1일자로 출근을 하게 했다. 전달 25일 경 면접을 보고 마음에 들어 그 날 바로 함께 일하기로 의기투합했다. 하지만 출근은 새로운 달이 시작하는 1일부터 해야 마음가짐도 새롭고, 한달 월급 계산하기도 편해 1일자로 직원을 채용했다.

두 번째 직원을 뽑을 때는 일이 워낙 바빠 면접을 본 후 바로 출근시켜야 했다. 15일부터 출근시키고, 4대 보험에 신고했는데, 이상하게 보험료를 내라는 소리가 없었다. 처음 직원을 뽑았을 때는 그 달 말 월급을 지급할 때 보험료를 납부했는데, 두 번째 직원은 입사한 지 한 달이 지나도 아무런 통지가 없다. 왜 그럴까?

국민연금과 건강보험은 당월 1일 입사자만 보험료가 고지된다. 1일 이후 입사자는 당월 고지 여부를 선택할 수 있으므로 이를 잘 활용하면 조금이나마 보험료를 절약할 수 있다. 따라서 매월 1일만 피해 직원을 채용하면 그 달에는 보험료를 내지 않아도 된다.

월급이 200만 원인 직원이 한 명은 9월 1일자로 입사하고, 다른 한 명은 9월 2일자로 입사했다고 가정해보자. 그해 국민연금과 건강보험이 얼마나 차이가 날까? 국민연금과 건강보험은 사업자가 보험료의 절반을 부담해야 한다. 여기서는 사업자가 부담해야 하는 금액만 비교하도록 하자. 국민연금은 200만 원×4.5%=9만 원이고, 건강보험(장기요양보험료 포함)은 200만 원×3.495%+(200만 원×3.495%)×12.27%=78,470원이다(원 단위 절사).

앞에서도 이야기했듯이 2일에 입사하면 첫 달 보험료를 내지 않아도 되므로 사업자는 국민연금 9만 원과 건강보험 78,470원을 절약할 수 있다.

구분	보험 종류	9월	10월	11월	12월	합계
9월 1일 입사자	국민연금	90,000원	90,000원	90,000원	90,000원	360,000원
	건강보험	78,470원	78,470원	78,470원	78,470원	313,880원
9월 2일 입사자	국민연금	–	90,000원	90,000원	90,000원	270,000원
	건강보험	–	78,470원	78,470원	78,470원	235,380원

(표) 1일 입사와 1일 이후 입사자 비교(사업자 부담분만 표시)

수습기간을 두고 월급을 낮추어 신고하는 것도 방법

4대 보험료를 절약할 수 있는 방법이 또 있다. 직원을 채용하고 일정기간 수습기간을 두는 것이다. 신입사원을 채용할 때는 대부분 3~6개월 정도 수습기간을 두는 것이 일반적이며, 요즘에는 경력사원도 서로 합의해 수습기간을 두기도 한다.

일반적으로 수습기간에는 월급을 100% 지불하지 않는다. 보통 약속한 금액의 70~80%가량을 지불하는데, 수습기간 동안 지급하는 급여로 입사신고를 하면 보험료를 절약할 수 있다. 이렇게 하면 얼마만큼의 보험료를 절약할 수 있을까? 월 급여 250만 원으로 채용한 직원을 수습기간 동안 80%인 200만 원을 지급하고, 이를 기준으로 국민연금과 건강보험을 신고했다고 가정해보자. 역시 사업자가 부담해야 하는 보험료만 비교해보면 국민연금의 경우 매월 약 22,500원, 건강보험은 19,620원을 절약할 수 있음을 알 수 있다.

구분	보험 종류	9월	10월	11월	12월	합계
수습기간이 없는 경우	국민연금	112,500원	112,500원	112,500원	112,500원	450,000원
	건강보험	98,090원	98,090원	98,090원	98,090원	392,360원
수습기간이 있는 경우	국민연금	90,000원	90,000원	90,000원	90,000원	360,000원
	건강보험	78,470원	78,470원	78,470원	78,470원	313,880원

(표) 수습기간이 없을 때와 있을 때 보험료 비교

국민연금은 연말정산의 개념이 없으므로 급여를 낮게 신고하면 그만큼 보험료를 절약할 수 있다. 하지만 건강보험은 매년 정산되기 때문에 당장은 보험료를 덜 내더라도 연말정산을 한 후 한꺼번에 덜 낸 보험료가 청구된다. 즉 수습기간이 끝나면 급여의 100%를 지급하는데, 건강보험은 실제 지급한 급여를 다음연도 4월에 정산해 한꺼번에 고지하므로 절세효과가 거의 없다. 그렇지만 적어도 수습기간에는 보험료를 절세할 수 있고, 국민연금의 경우 연말정산과 상관없이 처음 책정한 보험료로 끝나므로 절세에 도움이 된다.

단, 최저임금에 해당하는 급여를 지급하는 경우는 수습기간을 3개월까지만 둘 수 있고, 수습기간의 급여를 최저임금의 90%까지만 적용할 수 있다는 것을 유의해야 한다.

02
직원 월급봉투를 두둑하게 만들어주는 절세 방법

◦◦◦

　요즘 최 사장은 직원을 두고 매월 꼬박꼬박 월급을 주는 일이 보통 일이 아니란 것을 실감한다. 매월 월급날은 왜 그리 빨리 돌아오는지. 월급날이 지난 지 며칠 안 되는 것 같은데, 또 월급날이 코앞이어서 깜짝 놀란 적이 한두 번이 아니다.

　그래도 직원들 월급만큼은 최우선순위로 두고 있다. 최 사장도 사업을 시작하기 전에는 월급쟁이로 일했기 때문에 월급날의 소중함을 잘 안다. 그래서 자금이 부족하면 대출을 받아서라도 월급을 꼬박꼬박 지불했다. 그렇게 열심히 월급을 지불했는데 새로 들어온 신입사원의 표정이 밝지 않아 왜 그러는지 물었다.

　"생각보다 세금이 많이 깎이네요. 250만 원에서 몇 십만 원이 빠지니 허무해요."

　마땅히 내야 할 세금을 내야 한 것인데, 마치 월급을 덜 받은 것처럼 느끼니 난감하기도 했지만 직원의 마음이 충분히 이해가 갔다. 사업자가 내야 할 세금을 절세할 수 있는 방법에는 관심이 많았지만 직원들의 세금을 아껴주는 데는 무심했다는 반성도 들었다. 지금부터라도 최대한 직원들이 세금을 덜 내도록 해주고 싶은데, 어떻게 하면 될까?

비과세 수당을 활용하면 절세 가능

　사업자가 소득에 대해 종합소득세를 내야 하듯이 직원(근로자)도 소득이 발생하면 세금을 내야 한다. 다만 사업자는 1년에 한 번 종합소득세를 몰아서 내면 되지만 직원은 매월 나눠서 낸다는 점이 다르다. 직원은 연봉이 정해져 있으므로 1년 소득을 예상하기가 비교적 쉽다. 그래서 1년 연봉 대비 소득세를 추산해 매월 나눠서 내고, 연말정산을 통해 소득보다 더 많이 낸 사람은 돌려받고, 덜 낸 사람은 더 내도록 되어 있다.

　원칙적으로 직원에게 지급되는 급여는 과세가 된다. 기본급은 물론 야간수당, 연장수당, 상여금, 인센티브, 직책수당 등 수당에도 세금이 붙는다. 하지만 수당 중 세금이 붙지 않는 '비과세 수당'들이 있다. 이를 잘 활용하면 직원들의 월급봉투가 조금이나마 두둑해질 수 있다.

① 식대

　식대는 대표적인 비과세 수당 중의 하나이다. 월 10만 원 이내의 금액을 식대로 지불할 때는 세금을 떼지 않아도 된다. 단, 구내식당에서 식사를 제공하거나 식사비용을 회사비용으로 별도 지급할 때는 비과세 적용을 할 수 없다.

② 자가운전보조금

　보통 업무차량은 회사 소유로 되어 있지만 직원 소유의 차량을 업무용으로 사용하는 경우도 있다. 이때 자가운전보조금으로 월 20만 원까지는 세금을 떼지 않고 지불할 수 있다. 다만 반드시 직원 소유의 차량이어야 한다. 자기차량을 이용하지 않고 회사차량을 이용해 출장을 가는데도 자가운전보조금을 지급하면 과세 대상이다. 또한 출퇴근용이 아닌 분명한 업무용으로 사용해야 한다.

③ 출산보육수당

6세 이하의 자녀가 있는 직원의 경우 출산보육수당으로 월 10만 원까지는 비과세로 지불할 수 있다. 과세기간 개시일을 기준으로 자녀가 6세 이하에 해당하면 당해연도 동안 비과세 적용을 받을 수 있다.

④ 경조금 등

사업자는 직원 결혼, 돌잔치, 직원 부모님 칠순, 사망 등 직원 경조사를 챙길 일이 많다. 경조사가 있을 때 지급한 경조금은 근로소득으로 보지 않기 때문에 비과세된다. 다만 사회통념상 타당하다고 인정되는 범위 내의 금액에 한정되는데, 1인당 연간 경조사와 관련하여 10만 원 및 명절·기념일 등과 관련하여 10만 원으로 본다.

⑤ 직원 본인의 학자금

직원의 자기계발을 돕기 위해 지급한 학자금도 비과세 대상이다. 학교(대학원 포함)와 직업능력개발훈련시설의 입학금, 수업료, 수강료로 다음 요건을 모두 갖춘 경우 비과세된다. 즉, 교육의 내용이 업무와 관련된 교육·훈련이어야 하고, 정해진 지급기준에 의해 지급되고, 교육·훈련기간이 6개월 이상인 경우 교육·훈련 이후 교육기간을 초과하여 근무하지 않는 경우 반환하는 조건이어야 한다.

⑥ 제복, 제화, 피복

법령이나 근무환경상의 작업복, 제복, 제화, 피복 등은 비과세된다.

03
아르바이트를 고용했을 때 꼭 원천징수를 해야 할까?

• • •

중학생을 대상으로 하는 소규모 보습학원을 운영하는 주 사장. 주로 영어와 수학 두 과목을 집중적으로 가르치는데, 수학은 주 사장이, 영어는 유능한 대학 후배를 초빙해 가르치고 있다. 그런데 학부모들이 시험기간 동안에는 국어와 사회, 과학 등 다른 과목도 핵심정리를 해주기를 바랐다. 시험기간 2주 정도만 강사가 필요해 중간고사, 기말고사가 있는 달만 2주씩 아르바이트 형식으로 강사를 쓰고 있다.

아르바이트 강사는 성실하고 아이들도 잘 가르쳐 함께 오래 일하고 싶은데, 급여가 적어 걱정스럽다. 매월 일이 있는 것도 아니고, 2주 강사료가 100만 원을 조금 넘는 수준이다. 가뜩이나 급여를 줄 때마다 미안한데, 세금까지 떼고 주어야 한다니 마음이 불편하다. 급여를 줄 때 세금을 미리 떼는 것을 '원천징수'라고 한다는데, 아르바이트를 쓸 때도 꼭 원천징수를 해야 할까?

일당 15만 원까지는 원천징수 안 해도 괜찮다

정식 직원을 고용했을 때는 물론 아르바이트를 쓰고 급여를 지불할 때는 미리 세금을 떼는 것이 원칙이다. 이를 원천징수라고 하는데, 원천징수를 하는 이유는 분명하다. 사업자는 1년에 한 번씩 스스로 종합소득세나 법인세를 신고하지만 개인이 일일이 소득을 계산해 세금을 납부하기란 여간 번거로운 일이 아니다. 자칫 의도하지 않았어도 따로 소득세를 신고해야 한다는 사실을 깜빡해 탈세를 할 우려도 크다. 그래서 소득이 발생하는 시점에 미리 세금을 떼고 주면 탈세를 방지하고 세금을 일찍 거둬들일 수 있다.

많은 사업자가 아르바이트나 일용직의 경우 원천징수를 하지 않아도 된다고 착각하는데, 앞에서도 이야기했듯이 아르바이트나 일용직이라 하더라도 정 직원과 마찬가지로 원천징수를 해야 한다.

하지만 일 지급액 15만 원까지는 원천징수를 하지 않아도 된다. 이는 세법상 일 지급액 15만 원까지는 근로소득공제로 세금이 전액 면제되기 때문에 가능한 일이다. 일용근로자의 경우 다음과 같이 일 지급액에서 15만 원을 근로소득공제를 해준다. 따라서 일 지급액이 15만 원에서 근로소득공제 15만 원을 빼면 '0'이 된다.

> 과세대상 급여 : 일 지급액 - 근로소득공제(15만 원)

일 지급액이 15만 원이 넘으면 소득세가 부과된다. 일용 근로자의 소득세율은 과세대상 급여의 6%를 적용한다. 예를 들어 일 지급액이 20만 원일 경우 일지급액 20만 원에서 근로소득공제 15만 원을 뺀 5만 원에 대해 6%의 소득세가 붙는다.

5만 원의 6%면 3,000원이 소득세인데, 이 소득세를 다 내는 것도 아니다. 일용 근로자의 경우 산출된 소득세의 55%를 세액공제로 감면해준다. 결국 산출 소득세의 45%만 원천징수 소득세로 내면 된다는 얘기다. 따라서 일 지급액이 20만 원인 일용근로자의 경우 과세대상인 5만 원에 대한 산출 소득세 3,000원의 45%인 1,350원만 원천징수하면 된다. 만약 실제 납부할 하루 당 원천징수 소득세가 1,000원 미만이면 '소액부징수 제도'에 의해 원천징수를 하지 않아도 된다.

산출 소득세 : 과세 대상 급여 × 6%
실제 납부할 원천징수 소득세 : 산출 소득세 × 45%(산출소득세의 55%를 세액공제하기 때문)

일당 15만 원이 넘으면 꼭 원천징수를 해야 한다. 원천징수 대상자였는데, 원천징수를 하지 않았다면 원천징수불성실 가산세까지 붙는다. 원천징수불성실가산세는 '미납부세액에 1일당 0.025%를 곱한 금액 + 미납부세액의 3%'이고 최고 미납부세액의 10%를 한도로 한다.

> **연속 3개월 고용하면 일용 근로자가 아니다**
>
> 일용 근로자의 경우 일당 15만 원까지는 비과세처리를 할 수 있지만 사업자 입장에서 조심해야 할 것이 있다. 일용 근로자라도 일정 기간 이상 계속 고용하면 더 이상 일용 근로자에 해당하지 않는다. 기간에 대한 구분은 건설노동자와 일반노동자가 다른데, 건설노동자는 1년 이상, 일반노동자는 3개월 이상 고용하면 일용 근로자에 해당하지 않는다. 일정 기간 이상 계속 고용하면 일용 근로자가 아닌 직원으로 대우해야 한다.
>
> 3개월의 의미에 대해 혼란스러워하는 사업자들이 많다. 3개월 동안 계속 근무하는 일용 근로자도 있지만 일주일에 며칠 혹은 주말에만 일을 하는 일용 근로자도 있다. 한 달에 하루라도 일을 하고, 연속 3개월을 일했다면 3개월 연속 근무한 것으로 본다.

원천징수는 안 했어도 일용근로소득 지급명세서는 꼭 제출

일용 근로자의 일 지급액이 15만 원 이하일 경우 원천징수를 하지 않아도 되지만 일용근로소득 지급명세서는 꼭 제출해야 한다. 일용근로소득 지급명세서는 일용근로자의 성명, 전화번호, 주민등록번호, 지급월, 근무월, 근무일수, 총지급액, 비과세소득, 소득세, 지방소득세 및 내역에 대한 집계를 적도록 되어 있다. 이 지급명세서는 지급일이 속하는 달의 다음 달 말일까지 제출해야 한다. 예를 들어 일용근로자를 고용하고 3월 1일에 급여를 지급했다면 다음 달 말일, 즉 4월 30일까지 지급명세를 제출하면 된다.

만약 기한 내에 지급명세서를 제출하지 않았거나 제출한 지급명세서에 기록한 내용이 불분명할 때는 가산세를 물어야 한다. 지연 제출한 기간이

1개월 이내일 때는 지급금액의 0.125%, 1개월 이상일 때는 0.25%의 가산세가 붙는다.

> 지급명세서 관련 가산세 = 미제출·불명분 지급금액 × 0.25%(1개월 내 지연제출 0.125%)

또한 이와 별도로 일용 근로자를 고용한 사업주는 다음달 15일까지 관할 고용센터에 일용근로내역확인서를 제출해야 한다. 미신고한 경우 인당 5만 원 최대 300만 원까지 과태료를 물 수 있으므로 반드시 빠뜨리지 않도록 해야 한다.

프리랜서 원천징수는 3.3%?

사업을 하다 보면 일용근로자뿐만 아니라 프리랜서와 일할 기회도 많다. 프리랜서는 일용근로자와는 또 다르고, 직원하고도 다르다. 직원이나 일용근로자로 고용돼 회사에 나와 일을 하지는 않지만 독립적인 자격으로 노동력을 제공하는 사람들을 '프리랜서'라고 부른다. 작가를 비롯해 디자이너, 웹 개발자, 마케터 등 프리랜서로 활동하는 사람들이 점점 많아지는 추세다.

이러한 프리랜서는 '사업자'로 분류된다. 비록 사업장을 갖고 사업자등록증을 내고 사업을 하는 사업자는 아니지만 독립적으로 돈을 받고 자신의 노동력을 제공한다는 점에서 사업자나 마찬가지다. 다만 사업자라 하더라도 일반과세자나 간이과세자처럼 부가세를 낼 필요는 없다. 일종의 면세사업자라 보면 된다.

또한 프리랜서는 사업자이긴 해도 원천징수 대상이다. 사업소득에 대한 원천징수액은 지급금액의 3.3%이다. 소득세가 지급금액의 3%이고, 지방소득세가 소득세의 10%인데, 원천징수를 할 때는 소득세와 지방소득세 모두를 징수하기 때문에 3.3%가 된다.

프리랜서 입장에서는 세금을 떼고 받으면 손해 보는 것 같은 느낌이 들 수도 있다. 하지만 미리 세금을 떼면 종합소득세 신고를 할 때 세금부담이 적을 뿐만 아니라 실제 소득금액을 기준으로 세액계산을 해 이미 원천징수한 세액이 더 많으면 환급받을 수 있다.

프리랜서 사업자는 누구?

직업이 다양해지면서 프리랜서 영역도 넓어지는 추세지만 일반적으로 면세대상에 해당하는 인적용역은 다음과 같다.

- 저술 · 도서 · 도안 · 조각 · 작곡 · 음악 · 무용 · 만화 · 삽화 · 만담 · 배우 · 성우 · 가수와 이와 유사한 용역
- 연예에 관한 감독 · 각색 · 연출 · 촬영 · 녹음 · 장치 · 조명과 이와 유사한 용역
- 건축감독 · 학술용역과 유사한 용역
- 음악 · 재단 · 무용 · 요리 · 바둑의 교수와 이와 유사한 용역
- 직업운동가 · 역사 · 기수 · 운동 지도자와 이와 유사한 용역
- 접대부 · 댄서와 이와 유사한 용역
- 보험가입자의 모집 · 저축의 장려 등을 하고 실적에 따라 보험회사 또는 금융기관으로부터 받는 모집수당 · 장려수당 또는 이와 유사한 성질의 대가를 받는 용역과 서적 · 음반 등(야쿠르트, 건강식품, 화장품 등 상품의 내용과 관계없음)의 외판원이 판매실적에 따라 대가를 받는 용역
- 저작자가 저작권에 의하여 사용료를 받는 용역
- 교정 · 번역 · 고증 · 속기 · 필경 · 타자 · 음반취입과 이와 유사한 용역
- 고용관계 없는 자가 다수인에게 강연을 하고 강연료 · 강사료 등의 대가를 받는 용역
- 라디오 · TV방송을 통하여 연설 · 계몽 또는 연기를 하거나 심사를 하고 사례금 또는 이와 유사한 성질의 대가를 받는 용역
- 개인이 물적 시설 없이 근로자를 고용하지 아니하고 독립적으로 일의 성과에 따라 수당 또는 이와 유사한 성질의 대가를 받는 용역

04
아르바이트도 4대 보험 꼭 들어줘야 하나?

• • •

조그만 카페를 운영하는 유 사장은 요즘 고민이 많다. 카페 주변에 기업들이 많아서인지 손님이 몰릴 때만 몰린다. 주로 아침 출근시간대나 점심시간 이후 확 몰렸다 빠져 그 시간 동안은 도저히 혼자서는 감당하기 어렵다. 할 수 없이 아르바이트생을 두 명 쓰는데, 4대 보험을 들어줘야 한다는 소리가 자꾸 들린다.

솔직히 요즘 경기가 너무 안 좋아 인건비도 부담이 되는데, 4대 보험까지 들어줘야 한다니 걱정부터 앞선다. 아르바이트생 둘 다 월요일부터 금요일, 한 명은 아침 8시 반부터 11시 반까지, 다른 한 명은 12시부터 3시까지 쓴다. 하루 3시간씩 일주일에 15시간 일하는 것인데, 꼭 4대 보험을 들어줘야 하는 것일까? 아르바이트생들도 가뜩이나 월급도 적은데, 보험료가 빠지면 더 얼마 안 된다며 싫어한다. 사장과 아르바이트생 모두 원치 않는 4대 보험을 피할 길은 없을까?

근무 조건에 따라 4대 보험 가입 여부 다르다

아르바이트도 1달 이내 단기간 동안만 하는 아르바이트가 있고, 1달 이상 지속적으로 일하는 아르바이트가 있다. 1주 15시간 미만(한 달 총 60시간 미만) 일하는 아르바이트는 단시간근로자로 구분하며, 국민연금, 건강보험, 고용보험 의무가입대상에 포함되지 않는다. 단, 고용보험은 3개월 이상 계속하여 근로를 제공한 경우에는 가입 대상이다. 산재보험은 당연 가입 대상이다.

하지만 1주에 15시간 이상, 1개월 넘게 일하면 4대 보험을 의무적으로 가입해야 한다. 유 사장이 고용하는 아르바이트의 경우 1주에 15시간 이상 일하고, 둘 다 일한 지 1달이 넘었으므로 당연히 4대 보험을 들어줘야 한다. 말이 아르바이트지, 1주 15시간, 1달 이상 근무하면 상용근로자에 해당하고, 상용근로자는 4대 보험 의무가입 대상자이다.

일용근로자도 크게 보면 아르바이트에 포함된다고 생각하는 사람들이 많다. 일용직 근로자는 한 사업장에서 1개월 미만 일하는 근로자를 말한다. 이런 일용직 근로자의 경우 한 달에 일한 날짜가 8일 미만이거나 60시간 미만이면 국민연금과 건강보험에 가입하지 않아도 된다. 하지만 1개월 미만 고용한 근로자라도 8일 이상, 60시간 이상이면 가입 대상이다. 고용보험과 산재보험은 시간에 관계없이 모두 가입해야 한다.

구분	일용직 근로자	단시간 근로자
국민연금	월 근로일수 8일 이상 혹은 1개월 이상 가입	1개월 60시간(1주 15시간) 이상 가입
건강보험	월 근로일수 8일 이상 혹은 1개월 이상 가입	1개월 60시간(1주 15시간) 이상 가입
고용보험	모두 가입 대상	1개월 60시간(1주 15시간) 이상 가입. 단 1주 15시간 미만이라도 3개월 이상 근로 시 가입
산재보험	모두 가입 대상	모두 가입 대상

(표) 아르바이트 4대 보험 가입 대상

05
최저임금도 올랐는데
주휴수당까지 지급하라고?

...

　장난감 대여 사업을 하는 강 사장은 최근 황당한 일을 겪었다. 2019년에 최저임금이 큰 폭으로 올랐지만 그 정도는 해주어야 한다고 생각했다. 다행히 2020년 이후부터는 상승폭이 적어 그나마 한시름 놓았다. 솔직히 경기가 안 좋아져 매출은 줄었는데, 인건비가 늘어 부담이 되는 것이 사실이다. 그럼에도 직원들 월급만큼은 꼬박꼬박 잘 챙겨줬는데, 들어온 지 얼마 안 되는 직원이 불만을 드러냈다.

　"사장님. 왜 월급에 주휴수당이 계산되지 않은 것 같은데요?"

　주휴수당? 들어보기는 했지만 어떻게 지급하는 것인지도 모르고, 무엇보다 주휴수당이 대체 뭐길래 주휴수당 안 줬다고 마치 악덕사장 대하듯이 따지는지 심기가 불편했다. 부담은 돼도 줘야 할 것을 안 줄 생각은 없다. 주휴수당은 어떻게 계산해서 줘야 하는 것일까?

주휴수당 바로알기

주휴수당은 일주일 동안 정해진 근무일 수를 다 일한 사람에게 유급 휴일을 주는 것이다. 즉 주휴일에는 일을 하지 않아도 하루치 분의 임금을 수당으로 지급하는 제도이다.

하지만 모두에게 다 주휴수당을 지급하는 것은 아니다. 주휴수당이 발생하는 조건을 만족시킨 직원에게만 주면 된다. 그 조건은 다음과 같다.

① 하루에 3시간 이상, 일주일에 15시간 이상 근무(단, 40시간이 초과될 경우 40시간까지만 계산)
② 근무 계약한 날짜에 모두 근무(결근을 하면 제외, 조퇴와 지각은 상관 없다)

주휴수당 어떻게 계산하나

주휴수당을 계산하는 공식이 있다. 이 공식에 대입하면 지급해야 할 주휴수당이 얼마인지 알 수 있다. 일주일 동안 근무한 시간이 45시간으로 40시간이 넘어도 주휴수당에서는 40시간까지만 인정해주므로 '일주일 동안 근무한 시간'은 최대 40을 넘지 못한다.

> 주휴수당 계산식 = (일주일 동안 근무한 시간 ÷ 40) × 8 × 계약시급

그렇다면 하루 5시간씩 일주일에 5일 일한 사람에게 지급해야 할 주휴수당은 얼마일까? (25÷40)×8×9,160(2022년 최저시급)=45,800원이다.

하루 5시간씩 주 3일 근무했어도 '하루에 3시간 이상, 일주일에 15시간 이상 근무' 조건을 만족시키므로 주휴수당을 지급해야 한다. 이때의 주휴수당은 (15÷40)×8×9,160(2022년 최저시급)=27,480원이다.

단, 휴게시간은 주휴수당을 줄 때 계산하지 않아도 된다. 근로기준법에 의하면 4시간 일하면 30분 휴식을 취하도록 되어 있다. 이 휴게시간은 주휴수당은 물론 각종 수당에서 제외한다. 즉 오전 9시부터 오후 6시까지 일했다면 총 시간은 9시간이지만 이 중 1시간은 휴게시간으로 간주해 무급 처리할 수 있다. 식사시간도 휴게시간에 포함된다.

최저임금과 주휴수당을 포함한 월급은 얼마?

우리나라는 1주의 근로시간을 40시간으로 정해놓았다. 이를 기준으로 최저임금과 주휴수당을 포함하면 한 달 최저 월급은 얼마나 될까? 연 평균 한 달이 몇 주인지를 계산해보면 4.34주가 나온다. 결국 한 달 근무시간은 '1주 근무시간 40시간 + 주휴수당 8시간)×4.34=209시간'이 나온다.

구분	시급	한 달 주휴수당	한 달 월급
2022년	9,160원(2021년 대비 5.0% 인상)	318,035원	1,914,440원
2021년	8,720원(2020년 대비 1.5% 인상)	302,758원	1,822,480원
2020년	8,590원(2019년 대비 2.9% 인상)	298,244원	1,795,310원
2019년	8,350원(2018년 대비 10.9% 인상)	289,912원	1,745,150원

(표) 최저임금과 주휴수당을 포함한 최저 월급(한 달 4.34주, 209시간 기준)

06
근로계약서와 취업규칙, 사업자를 위해서도 필요하다

...

박 사장은 얼마 전 평소 친하게 지내던 강 사장을 만나 믿지 못할 이야기를 들었다.

"박 사장. 직원들하고 근로계약서 작성했어?"

"아니. 직원이라고 해봐야 달랑 3명뿐인데, 뭐 그런 걸 작성해. 낯간지럽게."

"그게 아니라니까. 나도 그렇게 생각하고 구두로 계약조건을 합의하고 말았는데, 얼마 전 퇴사한 직원이 퇴직금을 안 준다고 고소를 했어."

"뭐라고?"

"기가 막힐 노릇이야. 분명 직원 뽑을 때 연봉에 퇴직금 포함한다고 얘기했거든. 그런데 근로계약서를 작성하지 않아 구두로 협의한 것은 효력이 없대. 꼼짝없이 퇴직금 주게 생겼어."

강 사장 이야기가 남의 일 같지 않았다. 요즘 박 사장은 아무리 직원들에게 마음을 줘도 직원들의 마음은 자신과 같지 않음을 종종 느낀다. 한편으로 친목단체가 아니라 서로의 이해에 따라 노동력을 사고파는 관계이니 이해관계를 따지는 것은 당연하다는 생각도 든다. 그렇다고 꼭 딱딱하게 근로계약서까지 작성하면서 사장과 직원의 관계를 정확하게 규정할 필요가 있을까? 혼란스럽기만 하다.

직원이 한 명 이상이면 근로계약서는 필수

박 사장처럼 직원이 몇 명 안 될 경우 근로계약서의 필요성을 실감하지 못하는 사업자들이 많다. 근로계약서는 말 그대로 어떤 조건으로 노동력을 사고파는지를 정하는 계약이다. 임금, 근로시간, 휴일 및 휴가, 근로기간 등 중요한 근로조건을 명시하고 서로 합의해야 비로소 계약이 성사된다.

근로계약서를 작성해야 하는 의무는 사용자, 즉 사업자에게 있다. 상시 근무하는 근로자가 1명 이상이면 꼭 근로계약서를 작성해야 한다. 만약 이를 위반하면 500만 원 이하의 벌금을 물어야 한다.

보통 근로계약서는 근로관계가 성립된 시점에 작성한다. 흔히 근로계약서는 근로자에게만 유리하다고 생각한다. 하지만 정확한 근로조건을 명시해 계약하지 않으면 위의 사례에서 소개한 강 사장의 경우처럼 낭패를 볼 위험이 크다. 만약 강 사장의 경우 '연봉금액에 퇴직금 포함'이라는 문구를 넣어 '근로계약서'를 작성했다면 결과는 크게 달라질 수 있다.

원칙적으로 연봉에 퇴직금을 포함해 지급하는 것은 근로기준법과 근로자퇴직급여보장법에 위배되어 무효다. 따라서 2010년까지는 '연봉에 퇴직금을 포함한다'는 문구를 근로계약서에 넣고 계약했다 해도 근로자가 퇴직 후 퇴직금을 청구하면 지급해야 했다.

하지만 2010년 5월 20일 대법원 판례를 기점으로 상황이 달라졌다. 연봉에 퇴직금을 포함시키는 것은 위법이므로 근로자가 요구하면 퇴직금을 지불해야 함은 동일하다. 대신 사용자 입장에서는 지급할 의무가 없는데 퇴직금을 연봉에 포함해 지급했고, 근로자는 받을 권리가 없는데 받은 것이므로 '부당이익'을 취한 것이라 판단했다. 따라서 사용자는 근로자에게 '부당이득반환청구권'을 행사할 수 있다. 결국 사용자 입장에서는 직원이 퇴직금을 청구하면 부당이득반환청구권을 행사해 퇴직금을 이중으로 지급할 필요가 없다. 이는 어디까지나 근로조건을 명확히 한 근로계약서를 작성했을 때만 가능한 일이다.

이처럼 근로계약서는 근로자뿐만 아니라 사용자를 위해서도 꼭 필요하다. 근로계약서의 내용은 상황에 따라 달라질 수 있지만 일반적으로 다음과 같은 내용은 꼭 명시해야 한다.

① 임금의 구성항목
② 임금의 계산방법 및 지급방법
③ 소정근로시간
④ 휴일
⑤ 연차유급휴가에 관한 규정

(기간의 정함이 없는 경우)

표 준 근 로 계 약 서

_____(이하 "사업주"라 함)과(와) _____(이하 "근로자"라 함)은 다음과 같이 근로계약을 체결한다.

1. 근로개시일 : 　　년　월　일부터
   ※ 근로계약기간을 정하지 않는 경우에는 "근로개시일"만 기재
2. 근무장소 :
3. 업무의 내용 :
4. 소정근로시간 : __시 __분부터 __시 __분까지 (휴게시간 : 시 분~ 시 분)
5. 근무일/휴일 : 매주 __일(또는 매일단위)근무, 주휴일 매주 __요일
6. 임 금
   • 시월(일, 시간)급 : _____원
   • 상여금 : 있음 (　) _____원, 없음 (　)
   • 기타급여(제수당 등) : 있음 (　), 없음 (　)
     _____원, _____원
     _____원, _____원
   • 임금지급일 : 매월(매주 또는 매일) __일(휴일의 경우는 전일 지급)
   • 지급방법 : 근로자에게 직접지급(　), 근로자 명의 예금통장에 입금(　)
7. 연차유급휴가
   • 연차유급휴가는 근로기준법에서 정하는 바에 따라 부여함
8. 사회보험 적용여부(해당란에 체크)
   ☐ 고용보험 　☐ 산재보험 　☐ 국민연금 　☐ 건강보험
9. 근로계약서 교부
   업주는 근로계약을 체결함과 동시에 본 계약서를 사본하여 근로자의 교부요구와 관계없이 근로자에게 교부함(근로기준법 제17조 이행)
10. 근로계약, 취업규칙 등의 성실한 이행 의무
    사업주나 근로자는 각자가 근로계약, 취업규칙, 단체협약을 지키고 성실하게 이행하여야 한다.
11. 기 타
    이 계약에 정함이 없는 사항은 근로기준법령에 의함

　　　　　　　　　　　　년　월　일

(사업주)　사업체명 :　　　　(전화 :　　　　)
　　　　　주　　소 :
　　　　　대 표 자 :　　　　(서명)
(근로자)　주　　소 :
　　　　　연 락 처 :
　　　　　성　　명 :　　　　(서명)

(표) 고용노동부에서 제공하는 표준 근로계약서 양식

직원이 10명 이상이면 '취업규칙'도 필수

상시 근무하는 직원이 10명 이상이면 '취업규칙'도 꼭 작성해 신고해야 한다. 이를 위반하면 500만 원 이하의 과태료를 내야 한다.

취업규칙은 직원 모두에게 적용할 근로조건을 명시한 규칙이다. 근로계약서에도 근로조건이 명시되어 있지만 취업규칙은 기본적인 근로조건 외에 좀더 구체적인 근로조건을 명시해야 한다.

취업규칙은 기본적으로 사용자가 작성하는 것이지만 사용자가 일방적으로 취업규칙을 정하기보다는 근로자와 협의해 작성하는 것이 좋다. 취업규칙이란 결국 근로자들을 불편하게 만들기 위한 것이 아니라 모든 근로자들이 동일한 조건에서 평등하게 일할 수 있게 하기 위한 것이기 때문이다.

표준 취업규칙은 고용노동부 홈페이지(www.moel.go.kr)에서 검색할 수 있다. 이를 참고로 회사의 근무환경에 적합한 내용으로 수정해 적용하면 된다. 이 취업규칙은 근로자와 분쟁이 생겼을 때 위법인 경우를 제외하고 취업규칙이 우선적으로 적용되므로 정확한 취업규칙을 작성해두는 것이 좋다. 취업규칙을 정할 때는 일반적으로 다음과 같은 사항을 포함한다.

1. 업무의 시작과 종료 시각, 휴게시간, 휴일, 휴가 및 교대 근로에 관한 사항
2. 임금의 결정 · 계산 · 지급 방법, 임금의 산정기간 · 지급시기 및 승급(昇給)에 관한 사항
3. 가족수당의 계산 · 지급 방법에 관한 사항

4. 퇴직에 관한 사항
5. 근로자퇴직급여 보장법 제8조에 따른 퇴직금, 상여 및 최저임금에 관한 사항
6. 근로자의 식비, 작업 용품 등의 부담에 관한 사항
7. 근로자를 위한 교육시설에 관한 사항
8. 산전후휴가 · 육아휴직 등 근로자의 모성 보호 및 일 · 가정 양립 지원에 관한 사항
9. 안전과 보건에 관한 사항
10. 근로자의 성별 · 연령 또는 신체적 조건 등의 특성에 따른 사업장 환경의 개선에 관한 사항
11. 업무상과 업무 외의 재해부조(災害扶助)에 관한 사항
12. 표창과 제재에 관한 사항
13. 그 밖에 해당 사업 또는 사업장의 근로자 전체에 적용될 사항

07
5인 미만 사업장도 법정퇴직금을 주어야 할까?

• • •

양 사장은 2010년 디자인 기획사를 차렸다. 2010년 첫 해는 혼자 사업을 했고, 2011년 5월에 디자이너 두 명을 직원으로 뽑았다. 작은 회사라 직원들이 더 큰 회사로 갈까봐 걱정도 많이 했다. 다행히 두 직원은 동요 없이 일했고, 다 함께 2013년을 맞이할 수 있었다. 그런데 2013년 4월 두 명 중 한 명이 퇴사를 했다. 결혼한 여직원이었는데, 어린 아이를 더 이상 남들 손에 맡기기가 싫다며 그만두는 것이어서 잡을 수가 없었다.

자금 사정이 넉넉하지는 않지만 열심히 일해 준 직원이라 퇴직금을 주고 싶어 선배에게 퇴직금을 어떻게 계산하느냐고 물었더니, 엉뚱한 대답이 돌아왔다.

"직원 두 명 있는 회사에서 무슨 퇴직금이야. 5인 미만 사업장은 퇴직금 안 줘도 돼."

당연히 퇴직금을 줄 생각이었지만 선배 말을 들으니 마음이 흔들렸다. 직원에게는 미안한 일이지만 법적으로 안 줘도 된다면 안 주고, 대신 몇 십만 원 정도 성의 표시를 하면 되지 않을까 싶은 마음이 솔직히 들었다.

직원이 1인 이상이면 퇴직금 지급 의무

　2010년 11월까지만 해도 상시 근로자수가 5인 미만이면 퇴직금을 의무적으로 지급하지 않아도 되었다. 하지만 2010년 12월 1일부터 상시 근로자 수가 1인 이상인 사업장은 퇴직금을 의무적으로 지급하는 것으로 바뀌었다. 즉, 직원이 1명이라도 있으면 근속기간이 1년이 넘을 경우 퇴직금을 지불해야 한다.

　소규모 사업장에서 퇴직금을 지불하기란 쉽지 않다. 특히 상시 근로자 수가 5인 미만이어서 퇴직금을 지불하지 않았던 업체라면 더 부담이 될 수도 있다. 이런 어려움을 감안해 퇴직금 지급 의무가 전면 확대된 2010년 12월 1일부터 2012년 12월 31일까지는 한시적으로 퇴직금 부담금의 50%만 지급하는 것이 허용되었다. 따라서 위의 사례에서 2011년 5월에 뽑은 직원의 경우 2011년 5월부터 2012년 12월 31일까지는 퇴직금의 50%, 그 이후에 근무한 시간에 대해서는 100% 퇴직금을 지급해야 한다.

　퇴직금은 퇴직사유가 발생한 날로부터 14일 이내에 지급해야 한다. 단, 특별한 사정이 있는 경우 직원과 합의해 지급기일을 연장할 수 있다. 가능한 한 이왕 지급할 퇴직금 지급기일 내에 정확히 지급해야 사업자와 직원 사이에 불필요한 오해와 갈등이 생기는 것을 막을 수 있으니 혹시라도 제때 지급을 못할 사정이라면 꼭 직원과 협의해 지급기일을 조정하는 것이 바람직하다.

법정 퇴직금은 어떻게 계산할까?

　퇴직금의 최저한도는 법으로 정해놓았다. 법정 퇴직금은 계속근로기간 1년에 최저 30일분의 평균임금을 지급하는 것으로 되어 있다.

> 퇴직금의 법정 최저한도 = 1일 평균임금 × 30일 × 계속근로연수

　여기서 사업자나 직원 모두 혼란스러워하는 것이 '평균임금'의 개념이다. 흔히 '평균임금'이라 하면 매월 받는 월급만 생각하기 쉬운데, 연장·야간 수당 및 직책수당, 정기상여금, 차량유지비, 식대 등 세법상 비과세 항목이나 복리후생적 항목 모두 포함된다. 이처럼 직원이 퇴사하기 이전 3개월 동안 지급한 모든 임금총액을 3개월로 나눈 것이 '평균임금'이다.

　간혹 특별한 사정으로 평균임금이 현저히 적거나 많은 경우가 있다. 예를 들어 경기가 너무 안 좋아 일시적으로 자금난을 겪으면서 몇 달 동안 월급을 정상적으로 지불하지 못했거나 반대로 사업이 아주 잘 돼 직원들에게 상여금을 많이 지불한 경우다. 이때는 평균임금을 어떻게 산정해야 할까?

　이 부분에 대해서는 논란이 많다. 사실 퇴직금은 직원이 직장을 그만두었을 때 일정기간 동안만이라도 근로자가 직장을 다닐 때처럼 생활을 할 수 있도록 보장하기 위해 마련된 것이다. 그런데 회사의 사정으로 임금을 정상적으로 지불하지 못해 평균임금이 낮아진다면 퇴직금의 근본 취지에 어긋난다. 반대로 특별 상여금을 지급해 평균임금이 높아졌다면 사업자의

부담이 커질 수 있다.

이런 경우 어떻게 평균임금을 산정할 것인지에 대한 명확한 기준은 없다. 다만 판례는 '그 사유가 발생한 날 이전 3개월간에 그 근로자에게 지급된 임금이 특별한 사유로 통상의 경우보다 현저하게 적거나 많을 경우에도 이를 그대로 평균임금 산정의 기초로 삼는다면, 이는 근로자의 통상의 생활을 종전과 같이 보장하려는 제도의 근본취지에 어긋난다.'고 하여 부정하고 있다.

이런 판례를 기초로 보다 상식적이고 합리적인 수준에서 퇴직금을 계산하는 것이 바람직하다. 특수한 상황에 의해 임금을 정상적으로 지불하지 못했다면 그 이전 정상적으로 지불했을 때의 임금을 기준으로 평균임금을 산출해야 한다.

이러한 평균임금 산정기준이 꼭 사업자에게 불리한 것만은 아니다. 간혹 근로자가 퇴직 직전에 퇴직금을 많이 받으려고 의도적으로 임금을 높이는 경우가 있다. 또 회사 사규에 의해 언제 퇴직을 하더라도 당월 보수 전액을 지불했더라도 이를 전부 포함해 평균임금을 산정하지 않는다. 이 외에도 퇴직으로 인해 지급사유가 발생한 연차유급휴가, 미사용 수당도 평균임금을 산정할 때 제외해도 된다.

Part 4.
부가가치세 관리가 곧 절세다

01
부가세는 언제 신고하고 납부해야 하나

• • •

　2월에 사업을 시작한 최 사장은 요즘 사업보다 더 어려운 것이 세금이라는 걸 절감한다. 사업이 자리 잡을 때까지만 세무관련 업무를 직접 처리하려고 하는데, 여간 신경 쓰이는 게 아니다. 운 좋게 사업을 시작한 지 얼마 되지도 않았는데, 매출이 발생해 조금씩 늘어나고 있어 세금계산서도 꽤 많이 발행했다. 세금계산서를 직접 발행하는 것도 어렵지만 발행한 세금계산서가 하나 둘 쌓이면서 또 다른 고민이 생겼다. 듣기로는 세금계산서를 발행하는 일반과세자는 때가 되면 부가가치세를 신고하고 납부해야 한다는데, 어떻게 해야 하는 것인지 벌써부터 걱정이 태산이다.

법인 사업자와 개인 사업자는 신고방법이 다르다

법인 사업자나 개인 사업자 등 일반 과세자는 모두 때가 되면 부가가치세를 신고하고 납부해야 한다. 다만 방법이 조금 다르다.

기본적으로 법인 사업자는 1년에 4번 부가세를 신고, 납부해야 한다. 각 분기별로 세금계산서를 주고받은 내용을 신고해야 하는데, 1/4분기(1월 1일~3월 31)까지의 실적은 4월 25일에, 2/4분기(4월 1일~6월 30일)까지의 실적은 7월 25일, 3/4분기(7월 1일~9월 30일)까지의 실적은 10월 25일에, 마지막 4/4분기(10월 1일~12월 31일)까지의 실적은 다음해 1월 25일까지 해야 한다.

4번의 신고 중 4월 25일과 10월 25일에 하는 것은 '예정신고'라고 하고, 7월 25일과 1월 25일에 하는 것은 '확정신고'라고 한다. '예정신고'는 직전 과세기간 공급가액이 1억 5천만 원 이상인 법인 사업자는 반드시 해야 하고 개인 사업자는 몇 가지 경우에 해당하는 경우에만 선택적으로 할 수 있다.

개인 사업자와 직전 과세기간 공급가액이 1억 5천만 원 미만인 법인 사업자는 예정신고를 하지 않고 확정신고만 하면 된다. 예정신고를 할 필요는 없지만 예정납부까지 하지 않아도 되는 것은 아니다. 국세청은 일반과세자인 개인사업자와 직전 과세기간 공급가액이 1억 5천만 원 미만인 법인 사업자에게 매년 예정신고 기간인 4월과 10월초(간이과세자는 7월초 한 번)에 '예정고지서'를 보낸다. 이는 사업자가 지난 과세기간에 신고한 부가가치세를 기준으로 50%에 해당하는 금액을 미리 납부하라는 고지서이다.

사업자는 고지된 금액만 납부하면 되고, 확정신고 때 전체 과세기간 중 예정고지세액을 제외한 세액만 납부하면 된다. 단 예정고지액이 50만 원 미만일 때는 예정고지마저 생략한다.

간이과세자는 1월1일부터 12월 31일을 1과세기간으로 하여 다음해 1월 25일에 한번만 확정신고를 하면 된다. 7월 25일에는 직전과세기간의 결정세액의 50%에 해당하는 금액을 예정부과한다. 단, 예정부과기간에 세금계산서를 발급한 간이과세자는 예정부과기간에 대한 납부세액을 반드시 신고해야 한다.

예정고지서를 받았더라도 다음과 같은 경우에는 예정신고를 할 수 있다. 매출이 줄어 예정고지세액의 납부가 힘겹게 느껴진다면 예정신고를 하는 것이 자금 부담을 줄이는 좋은 방법이 된다.

1. 예정신고기간의 공급가액 또는 납부세액이 직전과세기간의 공급가액 또는 납부세액의 1/3에 미달하는 사업자
2. 수출, 시설투자 등으로 조기환급을 받고자 하는 사업자

매출이 없어도 부가세 신고 필수

종종 "매출도 없는데 꼭 부가세 신고를 해야 하느냐?"고 묻는 분들이 있다. 면세사업자가 아닌 일반과세자라면 매출 실적이 없어도 부가세 신고를 해야 한다. 매출도, 매입도 없어 아무것도 기재할 내용이 없다면 부가가치세 신고서에 사업자등록번호, 사업자명, 주소, 전화번호 등의 기본 인적사항을 기재하고 표에 '무실적'이라고 적으면 된다. 매출이 없어도 부

가세를 신고하는 것이 원칙이지만 신고하지 않았더라도 가산세를 물어야 할 일은 없다. 매출은 없더라도 매입이 있다면 더더욱 부가세 신고는 필수다. 매출이 없는 상태이기 때문에 매입하면서 부담했던 부가세는 고스란히 돌려받을 수 있다. 단, 간이과세자는 매출보다 매입이 많아도 부가가치세 환급은 받을 수 없다.

부가세 신고할 때 준비해야 할 서류

부가세를 신고할 때는 스스로 작성한 신고서만 제출하면 되지만 이를 증빙할 수 있는 서류를 꼼꼼하게 챙겨놔야 한다. 그래야 나중에 조사받을 때 신고한 내용이 틀림없다는 것을 증명할 수 있다. 보통 증빙서류는 확정신고 종료일로부터 5년 동안 보관하도록 되어 있다. 부가세 관련 준비 서류는 일반과세자와 간이과세자가 조금 다르다.

일반과세자가 준비해야 할 서류
- 일반과세자 부가세 확정(예정)신고서(2장)
- 매출처별 세금계산서 합계표
- 매입처별 세금계산서 합계표
- 신용카드 매출전표 등 발행금액 집계표(신용카드 매출전표 또는 직불카드영수증을 발행하는 자 및 전자적 결제수단에 의해 대금을 결제받는 자가 제출하는 서류)
- 신용카드 매출전표 등 수령금액 합계표(신용카드매출전표를 교부받은 사업자로서 공급받는 자와 부가세액을 별도로 기재해 매입세액공제를 받고자 하는 자가

제출하는 서류)
- 매입처별 계산서 합계표(음식점 등을 영위하는 사업자가 교부받은 계산서에 의해 의제매입세액공제를 받고자 하는 자가 제출하는 서류)
- 부동산임대공급가액명세서(부동산임대사업자가 보증금에 대한 이자와 월세수입금액 등에 대한 내역을 기재한 서류)
- 사업장현황명세서(음식, 숙박, 기타 서비스 사업자가 확정신고시)
- 건물 등 감가상각자산 취득명세서
- 의제매입세액공제신고서
- 영세율 첨부서류(영세율 대상자)
- 그 밖에 필요한 서류

간이과세자가 준비해야 할 서류
- 간이과세자 부가세 신고서
- 매출처별 세금계산서 합계표
- 매입처별 세금계산서 합계표
- 부동산임대공급가액명세서
- 신용카드 매출전표 등 발행금액 집계표
- 신용카드매출전표등 수령명세서
- 사업장현황명세서(음식, 숙박, 기타 서비스 사업자가 확정신고시)
- 영세율 첨부서류(영세율 대상자)
- 그 밖에 필요한 서류

02 부가세는 어떻게 돌려받을 수 있나?

• • •

비슷한 시기에 사업을 시작한 이 사장과 백 사장. 한 동안 서로 일이 바빠 만나지 못하다 모처럼 시간을 내 식사를 같이 했다. 맛있게 식사를 한 후 이 사장이 한 마디했다.

"백 사장. 밥값은 내가 내지. 이번에 부가세 많이 돌려받았거든."

"부가세를 돌려받았다고? 어떻게 그럴 수가 있지? 난 부가세로 출혈이 컸는데."

백 사장은 이해할 수가 없었다. 사업을 처음 시작했을 때는 백 사장도 부가세를 일부 돌려받았다. 하지만 사업이 조금씩 자리를 잡아가면서부터는 꼬박꼬박 부가세를 내고 있다. 어떻게 된 일일까? 부가세를 내야 할 때만 되면 평소보다 더 많은 자금이 필요해 골머리를 앓는데, 이 사장처럼 부가세를 돌려받을 수 있다면 참 좋겠다는 생각이 절로 들었다. 어떻게 하면 부가세 부담을 최소화하고, 가능한 한 돌려받을 수 있을까?

매출보다 매입이 클 때만 가능

　백 사장 입장에서는 부가세를 돌려받은 이 사장이 부럽겠지만 실상을 따져보면 그렇게 부러워 할 일만은 아니다. 부가세를 돌려받았다는 것은 매출보다 매입이 많았다는 것을 의미한다. 즉, 번 것보다 쓴 것이 많았다는 얘기니 사업을 하는 입장에서는 썩 달가운 일이 아니다.

　부가세를 돌려받을 수 있을지는 부가세를 계산해봐야 한다. 부가세를 계산하는 방법은 일반과세자와 간이과세자가 다르다.

● **일반과세자의 부가세 계산방법**

　일반과세자가 내야 할 부가세를 계산하는 방법은 간단하다. 매출세액에서 매입세액을 빼면 된다.

> 부가세 = 매출세액 − 매입세액

　매출세액은 신고대상기간에 공급한 재화 등의 공급가액의 10%, 매입세액은 신고대상기간에 공급받은 재화 등의 공급가액의 10%에 해당하는 금액이다. 여기서 공급가액은 부가세를 포함하지 않은 금액이어야 한다. 초보 사업자가 실수하는 부분 중 하나가 공급가액과 부가세를 합한 금액을 공급가액으로 착각하는 것이다. 예를 들어 공급가액이 1,000만 원이고, 부가세가 100만 원일 때 1,100만 원을 공급가액으로 잘못 계산하는 것이다. 부가세를 뺀 1,000만 원이 공급가액임을 잊어서는 안 된다.

또 한 가지 주의할 것이 있다. 매출세액을 계산할 때 세금계산서를 발행한 것만 계산하지 말고 신용카드와 현금매출분까지 포함시켜야 한다. 매출이 많아지는 것을 우려해 신용카드와 현금매출분을 누락시키는 사업자들이 종종 있는데, 이후 발각되면 원래 내야 할 부가세 외에 가산세까지 배로 물어야 하니 꼭 신고하는 것이 좋다.

현금매출의 매출세액 계산은 이렇게!

신용카드 매출의 경우 자동으로 공급가액과 부가세가 구분되어 나타나기 때문에 쉽게 매출세액을 계산할 수 있다. 하지만 현금매출은 공급가액과 부가세가 합해진 금액이어서 부가세를 신고할 때 매출세액 계산하기가 난감하다. 간단한 방법이 있다. 전체 현금매출액을 1.1로 나눈 금액이 공급가액이다. 예를 들어 현금매출이 550만 원일 경우 공급가액은 550만 원/1.1 = 500만 원이 총공급가액이 된다. 이때 매출세액은 500만 원의 10%, 즉 50만 원인 셈이다.

● **간이과세자의 부가세 계산방법**

간이과세자의 부가세 계산방법은 일반과세자와는 다르다. 일반과세자가 공급가액의 10%를 세액으로 계산하는 것과는 달리 간이과세자는 업종별로 정해놓은 부가가치율을 적용해 매출세액을 계산한다. 업종별 부가가치율은 아래 표와 같다. 간이과세자의 매출세액을 계산할 때의 공급대가는 부가세가 포함된 가격이라는 점에 주의해야 한다.

> 매출세액 = 신고대상기간의 공급대가(부가세가 포함된 가격) × 업종별 부가가치율 × 10%

업종	부가가치율
소매업, 재생용 재료수집 및 판매업, 음식점업	15%
제조업, 농업·임업 및 어업, 소화물 전문 운송업	20%
숙박업	25%
건설업, 운수 및 창고업(소화물 전문 운송업은 제외), 정보통신업	30%
금융 및 보험 관련 서비스업, 전문·과학 및 기술서비스업(인물사진 및 행사용 영상 촬영업은 제외), 사업시설관리·사업지원 및 임대 서비스업, 부동산 관련 서비스업, 부동산임대업	40%
그 밖의 서비스업	30%

(표) 업종별 부가가치율(2021년 7월 1일 이후 공급분부터 적용)

매출세액만 보면 일반과세자에 비해 간이과세자의 부담이 훨씬 적다. 예를 들어 똑같이 1,000만 원의 매출을 올렸을 때 일반과세자는 매출세액이 100만 원인데 비해 소매업을 하는 간이과세자는 1,000만 원×15%×10%=15만 원이다.

또한 간이과세자도 매출세액에서 추가적인 세액공제를 받을 수 있다. 다만 다른 사업자로부터 매입을 증명할 수 있는 세금계산서, 신용카드매출전표·직불카드영수증 등이 있을 때만 가능하다. 세법 개정으로 2021년 6월 30일까지는 매입세액에 업종별 부가가치율을 곱한 금액으로 공제를 받지만, 2021년 7월 1일 이후 공급분부터는 세금계산서 등에 기재된 매입액(공급대가)에 0.5%를 곱한 금액을 공제받는다.

$$\text{세액공제액} = \text{매입액(공급대가)} \times 0.5\%$$

간이과세자의 경우 추가적인 세액공제를 받을 수는 있지만 매출세액보다 세액공제액이 크더라도 일반과세자처럼 환급받을 수는 없다. 단, 간이과세자는 부가세 확정신고를 할 때 연 매출액이 4,800만 원 미만일 경우 부가세를 내지 않아도 된다.

매입세액공제를 받는데도 기술이 필요하다

일반과세자든, 간이과세자든 부가세를 적게 내려면 매입을 증명할 수 있는 자료를 꼼꼼하게 챙겨둬야 한다. 이 매입 증빙자료는 부가세를 낼 때뿐만 아니라 소득세를 낼 때도 큰 도움이 된다.

매입세액공제를 받을 수 있는 가장 확실한 증빙자료는 세금계산서이다. 재화나 용역을 공급받고 거래처로부터 세금계산서를 받아두었다면 100% 매입세액공제를 받을 수 있다. 다만 수취한 세금계산서에 거래처의 사업자등록번호, 상호, 작성일자, 공급가액, 세액 등 필수적인 항목이 꼭 기재되어 있어야 한다. 만에 하나 필수 항목이 누락되어 있을 경우 세금계산서를 받았더라도 매입세액공제를 받을 수 없다.

신용카드와 현금영수증과 같은 증빙자료는 조건을 갖추지 못하면 매입세액공제를 받지 못할 수도 있다. 신용카드 매입세액공제를 받으려면 거래 사업자가 '세금계산서를 발행할 수 있는 사업자'이어야 한다. 즉 거래처가 세금계산서를 발행할 자격이 없는 간이과세자나 면세사업자일 경우에는 영수증에 공급가액과 부가세가 나누어 표기되어 있다 하더라도 공제받을 수 없다. 단 2021년 7월 1일 이후부터는 직전연도 공급대가가 4,800만 원 이상인 간이과세자도 세금계산서를 발급할 수 있으므로 해당 간이과세자에게서 받은 세금계산서도 공제받을 수 있다.

현금영수증도 마찬가지다. 세금계산서를 발행할 수 있는 사업자가 발행한 현금영수증이어야 하고, 받을 때 '사업자 지출증빙용 현금영수증'으로 해달라고 요청해 받아야 한다.

사업용 신용카드 사용하면 매입세액공제가 쉽다

부가세를 신고할 때 신용카드 매입세액공제를 받으려면 일일이 사업을 위해 사용했다는 증빙자료를 준비하고 명세서를 작성해야 하는 번거로움이 따른다. 또한 면세사업자와 간이사업자로부터 받은 영수증은 공제받을 수 없으므로 하나씩 찾아서 빼야 하는 어려움도 있다.

사업용 신용카드를 사용하면 이런 불편함이 대폭 줄어든다. 사업용 신용카드를 별도로 만들어야 한다고 아는 분들이 많은데, 기존에 쓰던 신용카드를 국세청 홈택스 홈페이지(www.hometax.go.kr)에 등록하기만 하면 된다. 총 50개까지 등록할 수 있다. 사업용 신용카드를 등록하면 거래 건별로 명세서를 작성하지 않고 총액과 부가세만 넣으면 되고, 면세사업자와 간이과세자와의 거래도 바로 뜨기 때문에 별도로 거래처가 세금계산서를 발행할 수 있는 업체인지 아닌지를 알아보지 않아도 된다.

매입세액공제를 받지 못하는 경우

분명 사업을 위해 사용되었거나 사용할 목적으로 재화나 용역을 공급받았다 하더라도 예외적으로 매입세액공제를 받을 수 없는 경우가 있다. 대표적인 경우는 다음과 같다.

● 사업과 직접적으로 관련이 없는 지출

말 그대로 사업과 관련이 없는 매입은 공제받을 수 없다. 예를 들어 집에서 쓸 냉장고를 구입한 비용은 매입세액공제 대상이 아니다. 설마 일일이 사업과 관련된 매입인지 아닌지 가려내지 못할 것이라 생각하면 오산이다. 국세청의 촘촘한 그물망을 피하기 어렵다.

사업과 관련된 비용이라도 공동경비 중 '분담기준금액'을 초과한 금액은 매입세액공제를 받을 수 없다는 점에 주의해야 한다. 사무실을 같이 쓸 경우 전기료, 각종 사무비품 등 누가 사용했는지 구분하기 어려운 항목들이 '공동경비'에 속한다. 공동경비를 어떻게 분담할 것인지를 약정했다면 그에 따르면 되고, 그렇지 않은 경우에는 세법이 정한 공동경비 배부기준을 따르면 된다.

● 비영업용 소형자동차 구입 및 유지, 임차

영업용으로 차량을 구입하거나 임차한 비용 그리고 차량을 유지하는 데 든 비용은 매입세액공제를 받을 수 있다. 그러나 배기량 1,000cc를 초과하는 8인승 이하의 비영업용 소형 승용차는 예외다. 1,000cc 이하의 경차나 9인승 이상의 승용자동차, 승합자동차, 화물자동차는 부가세를 공제받을 수 있으므로 부가세를 절세하려면 이러한 차량을 이용하자. 운수업인 경우를 제외하면 125cc를 초과하는 오토바이와 캠핑용 차량도 공제받을 수 없다.

- 접대비와 이와 유사한 비용

접대비는 소득세를 낼 때 일정 한도 내에서 비용처리는 가능하지만 부가세를 낼 때 매입세액공제를 받을 수 없다.

- 면세관련 매입세액 및 토지관련 매입세액

면세사업과 일반과세 겸용 사업자의 경우 면세사업과 관련한 매입세액은 공제받을 수 없다. 토지 관련 매입세액도 마찬가지다.

- 사업자등록 전 매입세액

기본적으로 사업자등록을 하기 전에 매입한 금액에 대한 매입세액은 공제받을 수 없다. 단, 공급시기가 속하는 과세기간이 지난 후 20일 이내에 등록 신청한 경우 등록 신청일부터 공급시기가 속하는 과세기간 기산일까지 역산한 기간 이내의 것은 공제 가능하다.

03
부가세 신고, 어떻게 해야 할까?

∙∙∙

쇼핑몰 사업을 하는 유 사장. 사업을 시작한 후 두 달 동안은 매출이 미미했지만 3개월째 접어들면서 매출이 발생해 조금씩 늘어나고 있는 상태다. 그렇게 정신 없는 나날을 보내고 있는데, 어느 날 부가세 확정신고를 하라는 안내문이 왔다. 그제야 부가세를 내야 할 때가 되었음을 깨닫고 서둘러 그동안 모아두었던 증빙자료를 꺼내보았다.

이럴 때를 대비해 증빙자료는 나름 깔끔하게 정리해두었다. 매출과 매입 관련 증빙서류를 구분해놓고, 세금계산서는 세금계산서끼리, 신용카드 매출전표는 신용카드 매출전표끼리 잘 묶어두었다.

하지만 막상 부가세 신고를 하려고 보니 막막했다. 증빙자료를 세무사에게 맡기면 간단하겠지만 아직 매출도 많지 않고, 무엇보다 처음 몇 번 정도는 직접 해보는 게 사업을 하는데 도움이 될 것 같다. 어떻게 해야 실수 없이 부가세를 잘 신고할 수 있을까?

일반과세자 부가세 신고하기

　요즘에는 홈택스를 이용하면 부가세는 물론 소득세를 비롯한 각종 세금신고를 간단하게 할 수 있다. 관할 세무서에 가서 신고서를 작성해 제출해도 되지만 홈택스를 이용하는 것이 더 편하다. 어떤 방법으로 신고하든 신고서 양식은 동일하다.

　일반과세자가 부가세를 신고하는 방법을 알아보기 위해 6개월 동안의 매출과 매입 관련 자료가 다음과 같다고 가정하자.

매출관련

　- 세금계산서 매출분 : 2,000만 원(부가세 제외)

　- 신용카드 매출전표 발행분 : 3,000만 원(부가세 제외)

　- 현금매출 : 330만 원(부가세 포함)

매입관련

　- 세금계산서 매입분 : 2,000만 원(부가세 제외)

　- 에어콘 구입비 : 200만 원(부가세 제외)

　- 신용카드 영수증 : 200만 원(부가세 제외)

		구 분		금 액	세율	세 액
과세 표준 및 매출 세액	과세	세금계산서 발급분	(1)	20,000,000	10/100	2,000,000
		매입자발행세금계산서	(2)			
		신용카드·현금영수증 발행분	(3)	30,000,000		3,000,000
		기타(정규영수증 외 매출분)	(4)	3,000,000		300,000
	영세율	세금계산서 발급분	(5)		0/100	
		기 타	(6)			
	예 정 신 고 누 락 분		(7)			
	대 손 세 액 가 감		(8)			
	합 계		(9)	53,000,000	㉮	5,300,000
매입 세액	세금계산서 수취분	일반매입	(10)	20,000,000		2,000,000
		수출기업 수입분 납부유예	(10-1)			
		고정자산 매입	(11)	2,000,000		200,000
	예 정 신 고 누 락 분		(12)			
	매입자발행세금계산서		(13)			
	그 밖의 공제매입세액		(14)	2,000,000		200,000
	합계 (10)-(10-1)+(11)+(12)+(13)+(14)		(15)	24,000,000		2,400,000
	공제받지 못할 매입세액		(16)			
	차 감 계 (15)-(16)		(17)		㉯	
	납부(환급)세액 (매출세액㉮-매입세액㉯)				㉰	2,900,000
경감· 공제 세액	그 밖의 경감·공제세액		(18)			
	신용카드매출전표 등 발행공제 등		(19)	33,000,000		429,000
	합 계		(20)	33,000,000	㉱	429,000
소규모 개인사업자 부가가치세 감면세액			(20-1)		㉲	
예 정 신 고 미 환 급 세 액			(21)		㉳	
예 정 고 지 세 액			(22)		㉴	
사업양수자가 대리납부한 세액			(23)		㉵	
매입자 납부특례에 따라 납부한 세액			(24)		㉶	
신용카드업자가 대리납부한 세액			(25)		㉷	
가 산 세 액 계			(26)		㉸	
차감·가감하여 납부할 세액(환급받을 세액)(㉰-㉱-㉲-㉳-㉴-㉵-㉶-㉷+㉸)			(27)			2,741,000
총괄 납부 사업자가 납부할 세액(환급받을 세액)						

❶ 신 고 내 용

❷ 국세환급금계좌신고 (환급세액이 5천만 원 미만인 경우) | 거래은행 | 은행   지점 | 계좌번호

❸ 폐 업 신 고 | 폐업일 | | 폐업사유

(표) 일반과세자 부가세 신고서 작성 사례

(1)~(4)는 매출을 적는 난이다. (1)은 세금계산서를 발행한 금액을 적는 곳으로, 세금계산서 매출분이 2,000만 원이므로 2,000만 원을 적는다. (2)는 매입자로부터 받은 매입자발행세금계산서의 금액과 세액을 적는 곳으로 해당사항이 없으므로 그냥 놔둔다. (3)은 신용카드매출전표등발행분과 전자화폐수취분을 적는 곳으로 신용카드 매출분과 현금영수증 매출분을 모두 적으면 된다. (4)는 정규영수증을 발행하지 않은 현금 매출을 적으면 된다. 사례에서는 신용카드매출은 부가세가 포함되지 않은 금액이지만 현금매출은 부가세가 포함된 금액이므로 공급가액과 부가세를 나눠 적어야 한다. 앞에서도 이야기했듯이 총 금액을 1.1로 나눈 금액이 공급가액이 된다. 따라서 현금매출 330만 원/1.1=300만 원이 공급가액이다. 따라서 (4)에는 현금매출을 300만 원으로 적어야 한다.

(5)와 (6)은 수출을 하는 경우에만 해당된다. 재화나 용역을 수출하는 경우 0의 세율을 적용받는다. 따라서 영세율을 적용받으면 공급가액과 상관없이 부가세를 부담하지 않아도 된다. 사례에서는 수출한 품목이 없으니 그냥 빈칸으로 남겨두면 된다.

(7)과 (12)는 예정신고 누락분을 적는 곳이다. 개인사업자는 예정신고 의무가 없기 때문에 법인사업자에게만 해당한다. 예정신고 때 신고하지 못한 부분을 신고하면 되는데, 매입의 경우 가산세가 없지만 매출 누락분은 가산세가 붙는다.

(8) 대손세액공제는 확정신고를 할 때만 할 수 있다. 대손세액공제란 재화나 용역을 공급받는 거래처가 파산해 결제를 받지 못하는 경우 매출

세액을 공제해주는 것을 말한다. 대손세액공제를 받은 후 일부 혹은 전부를 결제 받았을 경우에는 관련 대손세액을 회수한 날이 속하는 과세기간의 매출세액에 가산해야 한다.

(10)과 (11)은 매입 세금계산서 총액을 적는 난이다. (10)은 일반 매입, (11)은 에어컨, 컴퓨터 등과 같은 고정자산을 매입한 비용을 적는 것이므로 (10)에는 2000만 원, (11)에는 에어컨 구입비 200만 원을 적으면 된다.

(14) 기타공제매입세액에는 신용카드매출전표상의 매입세액, 의제매입세액, 재활용폐자원 등에 대한 매입세액, 재고매입세액 또는 변제대손세액 등이 포함된다. 여기서는 신용카드 영수증 200만 원을 기입하면 된다. 이 항목은 금액만 기입하면 안 되고, 신고서 두 번째 장에 구체적인 내용을 기입해야 한다.

(16)은 공제받지 못할 세액이 있을 경우 기입하는 곳이다. 소형자동차 구입 및 유지 등의 매입세액, 접대비 등의 매입세액은 공제받지 못한다. 이와 관련된 비용이 있으면 적는다. 또한 과세사업과 면세사업에 공통으로 사용된 공통매입세액 중 면세사업과 관련된 매입세액 또는 대손처분받은 세액도 포함된다.

(19) '신용카드매출전표 등 발행공제' 란에는 말 그대로 신용카드매출전표 발행분을 적는 곳이다. 전자화폐에 의한 매출도 여기에 해당된다. 단 여기서는 공급가액과 부가세를 구분해 매출을 기입했던 것과는 달리 부가세가 포함된 금액을 기재해야 한다. 따라서 공급가액 3,000만 원에 부가세 300만 원을 합한 3,300만 원을 적으면 된다. 공제되는 세액은 2023년

12월 31일까지는 발행금액의 1.3%, 그 이후는 1%이고, 연간한도는 2023년 12월 31일까지는 1천만 원, 그 이후는 500만 원이다. 납부세액이 없으면 공제되지 않는다. 신용카드 세액공제는 개인사업자 중에서도 소매, 음식, 숙박업 등 주로 소비자에게 재화 또는 용역을 공급하는 사업자와 직전연도의 공급가액이 10억 원 이하인 사업자만 혜택을 받을 수 있다. 제조, 도매업자는 공제를 받을 수 없음을 주의해야 한다. 또한 신용카드매출전표 발행공제를 받을 때는 '신용카드 매출전표 발행금액 등 집계표'를 제출해야 한다.

(22) 예정고지세액은 예정고지서를 받고 부가세를 일부 납부했을 경우 적는 곳이다. 이렇게 각 항목별로 해당하는 사항을 적으면 최종 납부할 세액이 나온다.

영세율과 면세의 차이

영세율과 면세는 둘 다 부가세를 내지 않지만 엄연히 다르다. 우선 영세율은 과세사업자만 적용받을 수 있다. 면세사업자가 영세율을 적용받으려면 면세사업자를 포기하고 일반과세자로 전환해야 한다.

영세율을 적용받으면 세금계산서를 발행한 것은 매출세액을 내지 않아도 되지만 세금계산서를 받은 것은 매입세액을 공제받을 수 있다. 반면 면세의 경우 매출세액을 내지 않아도 되지만 매입세액도 환급받을 수 없다.

영세율을 적용받으려면 영세율을 증명하는 서류를 제출해야 한다. 제출할 서류는 다음과 같다.

① 내국물품의 국외반출 : 수출실적명세서
② 대외무역법에 따른 중계무역방식의 수출, 위탁판매수출, 외국인도수출, 위탁가공무역방식의 수출 : 수출계약서 사본 또는 외국환은행이 발행하는 외화입금증명서
③ 내국신용장 또는 구매확인서에 의한 공급 : 내국신용장이나 구매확인서 사본 또는 외국환은행이 발행하는 수출대금입금증명서
④ 국외에서 제공하는 용역 : 외국환은행이 발행하는 외화입금증명서 또는 국외에서 제공하는 용역에 관한 계약서
⑤ 선박 또는 항공기의 외국항행용역 : 외국환은행이 발행하는 외화입금증명서

이런 영세율 증명서류를 제출하지 않은 경우에도 영세율 적용대상이 확인되면 영세율이 적용된다. 다만, 이 경우 영세율과세표준신고불성실가산세(공급가액의 0.5%)를 내야 한다.

간이과세자 부가세 신고하기

　간이과세자는 연매출이 8,000만 원 미만(부동산임대업자와 과세유흥장소를 경영하는 사업자는 4,800만 원 미만)인 사업자이므로 매출이 그리 크지 않다. 이를 감안해 국세청에서는 간이과세자가 좀 더 간편하게 부가세를 신고할 수 있도록 배려하고 있다. 과세기간을 1년(1월 1일~12월 31일)으로 하여 1년간의 사업실적을 다음해 1월 25일까지 신고납부하면 된다. 7월에는 예정부과기간으로 하여 전기분 납부세액의 50%를 세무서에서 발부한 예정고지서로 납부한다.

　신고서 양식도 비교적 간단하고, 간이과세자에게만 적용되는 부가가치율이라는 것이 있어 일반과세자가 부가세를 계산하는 것과는 방법이 다르다.

　슈퍼마켓을 운영하는 간이과세자를 예를 들어 어떻게 부가세를 신고하는 지 알아보자. 매출은 대부분 신용카드와 현금이 주를 이룬다. 하지만 간이과세자도 세금계산서를 받을 수 있기 때문에 매입에는 세금계산서 매입분이 있다.

매출관련 –
- 신용카드 매출전표 발행분 : 550만 원(부가세 포함)
- 현금매출 : 2,950만 원(부가세 포함)

매입관련 –
- 세금계산서 매입분 : 1,320만 원(부가세 포함)
- 신용카드 영수증 : 100만 원(부가세 포함)

❶ 신 고 내 용

구 분				금액	부가가치율	세율	세액
과세표준 및 매출세액	21.6.30. 이전 과세분	전기·가스·증기 및 수도사업	(1)		$\frac{5}{100}$	$\frac{10}{100}$	
		소매업, 재생용 재료수집 및 판매업, 음식점업	(2)		$\frac{10}{100}$	$\frac{10}{100}$	
		제조업, 농·임·어업, 숙박업, 운수 및 통신업	(3)		$\frac{20}{100}$	$\frac{10}{100}$	
		건설업, 부동산임대업, 그 밖의 서비스업	(4)		$\frac{30}{100}$	$\frac{10}{100}$	
	21.7.1. 이후 과세분	소매업, 재생용 재료수집 및 판매업, 음식점업	(5)	35,000,000	$\frac{15}{100}$	$\frac{10}{100}$	525,000
		제조업, 농·임·어업, 소화물 전문 운송업	(6)		$\frac{20}{100}$	$\frac{10}{100}$	
		숙박업	(7)		$\frac{25}{100}$	$\frac{10}{100}$	
		건설업, 운수 및 창고업(소화물 전문 운송업 제외), 정보통신업, 그 밖의 서비스업	(8)		$\frac{30}{100}$	$\frac{10}{100}$	
		금융 및 보험 관련 서비스업, 전문·과학 및 기술서비스업(인물사진 및 행사용 영상 촬영업 제외), 사업시설관리·사업지원 및 임대서비스업, 부동산 관련 서비스업, 부동산임대업	(9)		$\frac{40}{100}$	$\frac{10}{100}$	
	영세율 적용분	세금계산서 발급분	(10)			$\frac{0}{100}$	
		기 타	(11)				
	재 고 납 부 세 액		(12)				
	합 계		(13)			㉮	
공제세액	매입세금계산서 등 수취세액공제	21.6.30. 이전 공급받은 분	(14)		뒤쪽 참조		
		21.7.1. 이후 공급받은 분	(15)	14,200,000			71,000
	의 제 매 입 세 액 공 제		(16)				
	매입자발행 세금 계산서 세액공제	21.6.30. 이전 공급받은 분	(17)				
		21.7.1. 이후 공급받은 분	(18)				
	전 자 신 고 세 액 공 제		(19)				
	신용카드매출전표 등 발행세액공제	21.6.30. 이전 공급받은 분	(20)				
		21.7.1. 이후 공급받은 분	(21)	5,500,000			71,500
	기 타		(22)				
	합 계		(23)	19,700,000		㉯	142,500
매입자 납부특례 기납부세액			(24)			㉰	
예정 고지 (신고) 세액			(25)			㉱	
가산세액계			(26)			㉲	
차감 납부할 세액(환급받을 세액) (㉮-㉯-㉰-㉱+㉲)			(27)				382,500

(표) 간이과세자 부가세 신고서 작성 사례(2021년 7월 개정)

(1)~(9)는 사업이 어떤 업종에 속하는지를 표시하는 곳이다. 슈퍼마켓은 소매업에 해당하므로 (5)에 모든 매출을 적는다. '금액'란에 신용카드 매출분 550만 원과 현금매출 2,950만 원을 더한 3,500만 원을 적으면 된다. 세액란에는 (금액×해당 업종의 부가가치율×10/100)에 따라 계산된 세액을 적으면 된다. 소매업에 대한 부가가치율은 15%이므로 세액은 3,500만 원×15%×10/100=52만 5천 원이다.

(10)~(11)매출액 중 영세율이 적용(수출 등)되는 매출이 있는 경우 해당 수출금액 등을 적고, (12)는 일반과세자에서 간이과세자로 변경된 사업자가 변경된 날 현재의 재고품 및 감가상각자산에 대한 재고납부세액을 납부하는 경우에 적는다.

(15)일반과세자로부터 교부받은 세금계산서 또는 신용카드매출전표 등에 적힌 공급가액과 부가세를 합한 금액인 공급대가를 적는다. 세액란에는 공급대가의 0.5%를 곱한 금액을 적는다. 여기서는 세금계산서와 신용카드 영수증을 받은 금액이 1,420만 원이므로 1,420만 원×0.5%인 71,000원을 적으면 된다.

(16) 2021년 7월 1일 이전 음식점업 사업자가 음식점업에 사용된 면세농산물 등에 대한 의제매입세액을 공제받는 경우에 적고, 2021년 7월 1일 이후부터는 간이과세자의 의제매입세액공제제도가 폐지되었다.

(18)은 매입자가 관할세무서장으로부터 거래사실확인 통지를 받고 발행한 매입자발행세금계산서의 금액과 세액을 적으면 되고, (19)는 부가세를 전자신고하면 공제받는 금액(1만 원)을 적는 곳이다. 다만 공제세액이

(13)란의 세액에서 (14)~(18)란의 세액을 뺀 후의 세액을 초과하는 때는 공제받지 못한다. 예를 들어 (13) 매출세액이 20만 원이고 (14)~(18)란의 공제세액 합이 19만 5천 원일 때 차액이 5,000원이므로 전자신고세액공제는 받을 수 없다.

(21)는 신용카드 등이나 전자화폐에 의한 매출액이 있는 사업자가 적으며, 금액란에는 신용카드 등 및 전자화폐에 의한 매출액을, 세액란에는(신용카드 등이나 전자화폐 매출액×2023년 12월 31일까지는 1.3%, 그 이후는 1%)에 따라 계산한 금액(연간한도 2023년 12월 31일까지는 1천만 원, 그 이후는 500만 원)을 적는다. 여기서는 신용카드매출액이 550만 원이므로 금액란에는 550만 원을 적고, 세액란에는 550만 원×1.3%=71,500원을 적으면 된다.

04
과세사업과 면세사업을 함께 할 경우 부가세 신고는 어떻게?

•••

　디자인 기획실을 운영하는 주 사장은 6개월 전 출판 사업을 시작했다. 거래처 중 한 곳이 책을 내고 싶다고 해 도와준 것이 계기가 되었다. 처음에는 거래처 홍보용 책자로 기획했지만 만들다보니 콘텐츠가 좋아 판매를 해도 충분히 승산이 있다는 생각이 들어 주 사장이 출판등록을 하고 정식으로 책을 내기로 한 것이다.
　책은 반응이 있었다. 베스트셀러 대열에는 들지 못했지만 책에 대한 평가가 입에서 입으로 전해지면서 꾸준히 팔렸다. 이에 자신감을 얻고 본격적으로 출판 사업을 시작했는데, 부가세 신고를 앞두고 새로운 고민이 생겼다. 디자인 기획은 일반 과세업종이라 일반과세자로 등록했는데, 출판은 면세업종이라 과세사업과 면세사업 겸영사업자가 되었다. 그래서 디자인 기획 관련 매출은 세금계산서를 발행하고, 출판 관련 매출은 계산서를 발행해왔다. 계산서를 발행한 매출도 부가세를 신고할 때 함께 신고해야 하는 것인지, 또 출판 사업을 하면서 받은 매입 세금계산서도 다 환급받을 수 있는 것인지 아리송하다.

과세와 면세 구분해 부가세 신고

원래 면세사업자는 부가세를 신고할 의무가 없다. 하지만 과세사업과 면세사업을 함께 할 때는 부가세 신고를 해야 한다. 부가세 신고를 할 때는 과세사업과 면세사업을 구분해 부가세 납부세액을 계산해야 한다.

면세사업과 관련된 매출은 부가세가 없다. 대신 면세사업과 관련된 매입은 부가세를 냈더라도 환급받을 수 없는데, 이 때문에 "어차피 돌려받지도 못하는데 면세사업과 관련된 매입과 매출을 꼭 부가세 신고할 때 포함시켜야 하느냐?"고 묻는 분들이 있다.

부가세 겸영사업자는 부가세를 신고할 때 면세사업 관련 실적을 함께 신고해야 한다. 면세사업자는 부가세를 신고하는 대신 매년 한 번씩 '사업장현황신고'를 해야 하는데, 겸영사업자는 사업장현황신고를 별도로 하지 않고 부가세를 신고할 때 면세사업 관련 매출 매입까지 함께 신고한다.

그렇다면 부가세 신고서에 어떻게 과세사업과 면세사업 매출을 구분해 적을 수 있을까? 일반과세자를 위한 부가세 신고서를 보면 어느 란에 면세사업 매출을 적어야 할지 쉽게 알 수가 없다. 매출세액을 기입하는 항목(부가세 신고서 ⑴~⑻)을 아무리 살펴봐도 계산서를 발행한 면세관련 매출을 적을만한 곳이 보이지 않는다. 면세관련 매출을 적는 곳은 따로 있다. 일반과세자를 위한 부가세 신고서는 두 장인데, 면세사업 관련 매출을 적는 곳은 두 번째 장에 있다. 두 번째 장 아래쪽을 보면 면세수입금액을 '면세사업수입금액'란과 '계산서 발급 및 수취명세'란이 있는데, 이곳에 면세관련 사업 매출과 매입을 적으면 된다. 면세사업수입금액은 업태, 종목별로 면세사업 수입금액을 구분해 적고, '(82) 수입금액 제외' 란에는 고정자산 매각 등 종합소득세 수입금액에서 제외되는 금액을 적는다. (84)와 (85)은 계산서를 발행하고 발급받은 내역을 적는 곳이다.

		업 태	종 목	코드번호	금 액
면세사업 수입금액	(80)				
	(81)				
	(82)	수입금액 제외			
				(83)합 계	
계산서 발급 및 수취 명세	(84) 계산서 발급금액				
	(85) 계산서 수취금액				

(표) 부가세 신고서 두 번째 장 마지막 부분

일반과세자의 경우 부가세를 신고할 때 기본적으로 '매출처별세금계산서합계표'와 '매입처별세금계산서합계표'를 함께 제출해야 한다. 면세사업을 겸하고 있을 때는 면세수입금액이 있기 때문에 '매출처별계산서합계표'와 '매입처별계산서합계표'도 함께 제출해야 한다.

공통매입세액 안분 계산

과세와 면세사업을 겸업할 경우에는 기본적으로 과세사업과 관련한 매출에 대해서는 세금계산서를, 면세사업에 포함되는 매출에 대해서는 계산서를 끊어야 한다. 매출에 대해 과세와 면세를 구분하는 것은 그리 어렵지 않다.

문제는 매입이다. 보통 일반과세자의 경우 재화나 용역을 공급받고 거래처로부터 세금계산서를 받았을 경우 매입세액 공제를 받을 수 있다. 예를 들어 100만 원 어치 물건을 사고 10%에 해당하는 10만 원을 부가세로 냈을 경우 매입세액에 해당하는 10만 원을 돌려받을 수 있다는 얘기다.

하지만 면세사업자의 경우 매입을 하면서 부가세를 냈더라도 매입세액 공제를 받지 못한다. 매입세액 공제는 어디까지나 과세 대상이 되는 사업을 할 때만 받을 수 있는 것이기 때문이다. 면세와 과세사업을 함께 할 때 면세사업과 관련된 부분은 매입세액 공제를 받으면 안 된다.

매입이 과세사업을 위한 것인지 면세사업을 하기 위해 한 것인지 분명히 구분될 경우에는 크게 걱정할 일이 없다. 그런데 사무실 임대료, 전기세, 가스비, 전화료 등 소속이 애매한 지출이 있다. 원래 이러한 비용도 매입세액공제 대상이지만 면세사업을 병행할 때는 확실하게 구분하기가 어렵다. 이런 경우 혼란을 잠재워주는 역할을 하는 것이 '공통매입세액 안분 계산'이다. 공통매입세액 안분 계산은 다음과 같이 한다.

> 면세사업에 관련된 매입세액 = 공통매입세액 × (면세공급가액/총급가액)

예를 들어 귀속이 불분명한 공통매입세액이 100만 원이고, 면세 공급가액이 1,000만 원, 과세 공급가액이 3,000만 원이라고 가정하자. 이 경우 면세사업에 관련된 매입세액은 '공통매입세액 100만 원×(1,000만 원/4,000만 원)=25만 원'이다. 따라서 공통매입세액 100만 원 중 면세사업과 관련된 매입세액 25만 원을 제외한 75만 원만 매입세액공제를 받을 수 있다. 단, 면세공급가액이 총 공급가액의 5% 미만이거나(단, 공통매입세액이 500만 원 이상인 경우는 제외) 공통매입세액 합계 금액이 5만 원 미만인 경우 공통매입세액 전부를 공제받을 수 있다.

05
음식점을 위한 절세 포인트, 의제매입세액공제란?

• • •

 처음 사업을 하는 사람들이 가장 많이 선호하는 업종 중의 하나가 '음식점'이다. 특별한 기술이 없어도 시작할 수 있다고 오해하기 때문이다. 그래서 하루에도 수많은 음식점이 생기고 없어지기를 반복한다.

 음식점은 결코 만만한 사업이 아니다. 음식점만의 독특한 맛과 차별성을 갖추어야 함은 물론 매출과 매입을 잘 챙기지 않으면 앞으로는 버는 것 같아도 뒤로 밑지는 경우가 많다. 정년퇴직 후 퓨전 음식점을 개업한 윤 사장도 요즘 고민이 많다. 아직 매출이 많지 않은데, 부가세를 낼 때가 되면 매입세액공제를 많이 받지 못해 몇 백만 원 씩 부가세를 내야 한다. 매입세액공제를 받으려면 세금계산서를 많이 받아야 하는데, 윤 사장이 거래하는 곳들은 주로 식재료를 납품하는 면세업체들이어서 세금계산서가 아닌 계산서를 주로 끊어준다. 음식점이다 보니 아무래도 전체 매입 중 식재료가 차지하는 비중이 크다. 이 비용을 매입세액공제를 받을 수 있는 방법이 없을까?

면세농산물 구입비용 공제 가능

　농·축·수·임산물은 면세 품목이기 때문에 음식점에서 이를 구입하면 세금계산서가 아닌 계산서나 신용카드매출전표를 받게 된다. 원칙적으로는 농·축·수·임산물을 살 때 부가세를 낸 것이 아니므로 매입세액공제를 받을 수 없다. 하지만 농·축·수·임산물을 면세로 구입했더라도 국내에서 부가세가 과세되는 재화를 제조·가공하거나 용역을 창출했다면 일정금액을 매입세액으로 공제받을 수 있다. 이를 '의제매입세액공제'라고 하는데, 여기서 '의제'란 '추정'한다는 의미를 지닌다. 음식점의 경우 농축산물 등을 구입해 맛있는 음식을 만들기 때문에 부가가치를 창출한 것으로 볼 수 있기 때문에 매입세액공제 대상이 된다.

　의제매입세액공제를 받으려면 일반과세자여야 한다. 공제받을 수 있는 면세농산물은 농·축·수·임산물에 한한다. 이 외에도 김치·두부 등 단순가공식품과 광물인 식용소금, 그리고 농·축·수·임산물의 1차 가공 과정에서 발생하는 부산물 등이 대상이다.

　의제매입세액공제는 면세농산물 등을 과세 재화, 용역의 원재료로 사용, 소비되는 경우에만 적용된다. 예를 들어 야채를 사서 그대로 다른 곳에 공급했다면 세액공제를 받을 수 없고, 이미 공제를 받은 상태라면 공제한 금액을 추후 납부세액에 가산해야 한다.

　의제매입세액공제를 받으려면 다음과 같은 서류를 첨부하여 제출해야 한다. 다만 제조업을 하는 사업자가 농·어민으로부터 면세농산물 등을 직접 공급받는 경우에는 '의제매입세액공제신고서'만 제출해도 된다.

- 매입처별계산서합계표
- 신용카드매출전표 등 수령명세서

의제매입세액공제로 절감할 수 있는 세액은?

의제매입세액공제로 혜택을 받을 수 있는 금액은 면세농산물 가액에 공제율을 곱한 금액이다. 공제율은 음식점업은 8/108(2023년 말까지 과세표준 2억 원 이하, 개인음식점은 9/109), 법인 음식점은 6/106, 제조업은 4/104(중소기업 및 개인사업자에 한함), 과세유흥장소는 2/102, 이외의 업종은 2/102를 적용한다. 단 의제매입세액공제액이 다음 한도를 초과하지 않는지 검토해야 한다.

의제매입세액 공제액 한도

– 법인 : 과세표준 × 30% × 공제율(2023.12.31까지 40%)

– 개인 : 과세표준 2억 원 초과 : 과세표준 × 40% × 공제율 (2023.12.31까지 개인 음식점업은 50%)

  과세표준 2억 원 이하 : 과세표준 × 50% × 공제율 (2023.12.31까지 개인 음식점업 1억 원 초과 2억 원 이하 60%, 1억 원 이하 65%)

단, 제1기 과세기간에 공급받는 면세농산물의 가액이 1역년(지난 1년) 동안의 공급가액의 75% 이상이거나 25% 미만인 제조업은 제2기 확정신고시 아래의 금액에서 제1기 과세기간의 의제매입세액공제액을 차감한 금액을 공제받는다.

– 법인 : 1역년의 과세표준 합계액 × 30% (2023.12.31까지 40%)

– 개인 : 1역년의 과세표준 합계액 4억 원 초과 : 1역년의 과세표준 합계액 × 40% (2023.12.31까지 45%)

> 1역년의 과세표준 합계액 4억 원 이하 : 1역년의 과세표준 합계액 × 50% (2023.12.31까지 55%)

예를 들어 과세표준 3억 원 이하인 음식점을 운영하는 개인사업자가 1,000만 원어치 농수산물을 구입했다면 1,000만 원에 8/108를 곱한 값, 즉 약 74만 원가량을 공제받을 수 있다. 부가세 품목이었다면 1,000만 원의 농수산물을 구입할 때 100만 원을 부가세로 더 지불했어야 한다. 별도로 부가세를 내지 않고 74만 원을 공제받을 수 있으니 결코 적은 금액이 아니다.

의제매입세액 공제 대상

의제매입세액공제를 받으려면 아무런 가공을 하지 않은 농·축·수·임산물 혹은 김치·두부 등 단순가공식품과 광물인 식용소금, 1차 가공에 그친 것이어야 한다. 1차 가공이란 쌀의 경우 탈곡, 정미, 제분까지의 공정을 거친 물자를 말하며, 육류의 경우 냉동, 염장, 포장 등의 가공이 이에 속한다. 한마디로 원생산물의 본래의 성질이 변하지 않는 정도의 가공만 허용된다.
원 생산물을 불에 데우거나 화학반응을 가하면 의제매입공제 대상에서 제외된다. 미가공식료품을 단순히 혼합한 것은 공제 대상이다. 예를 들어 연어, 치즈, 양파, 피망 등의 재료를 불에 데우거나 가공하지 않고 단순히 혼합한 것을 샐러드 재료로 구입했다면 의제매입세액공제를 받을 수 있다.

06
사업장이 여러 개일 때
유리한 부가세 신고방법은?

● ● ●

온라인 쇼핑몰을 운영하는 박 사장. 20대를 겨냥한 중저가 패션 의류를 주 품목으로 판매하고 있는데 반응이 좋아 창업한 해부터 바로 흑자가 났다. 이후 매년 매출이 200% 이상 신장하면서 창업한지 3년 만에 제법 탄탄한 쇼핑몰로 자리 잡을 수 있었다.

쇼핑몰의 성공에 고무 받은 박 사장은 최근 오프라인 매장을 하나 더 냈다. 온라인 쇼핑몰을 아무리 잘 만들어도 고객들이 직접 옷을 눈으로 확인하고 입어보고 싶어 하는 욕구를 충족시키는 데는 한계가 있었기 때문이다. 오프라인 매장에서 매출이 많이 발생하지 않더라도 오프라인 매장이 있으면 온라인 쇼핑몰 브랜드 이미지를 높이는데도 도움이 된다고 판단했다.

오프라인 매장을 오픈할 때는 마냥 기뻤다. 사업장이 하나 더 생기니 마치 사업을 크게 확장한 듯한 기분이 들기도 했다. 그런데 부가세 신고를 하려다 보니 고민이 생겼다. 온라인 쇼핑몰은 매출이 많아 500만 원을 부가세로 내야 하는데, 오프라인 매장은 매출보다 매입이 많아 400만 원을 환급받아야 한다. 사업장별로 부가세를 신고하면 내야 할 부가세 500만 원은 신고하고 바로 내야 하는데, 부가세 환급은 한 달 후에나 받을 수 있다. 두 사업장 부가세를 합쳐 처음부터 100만 원만 낼 수 있는 방법은 없을까?

주사업장총괄납부제도로 한꺼번에 부가세 환급 가능

소득세는 사업장이 몇 개든 한꺼번에 통합해 신고하면 된다. 하지만 부가세는 사업장별로 따로 따로 신고하고 납부하는 것이 원칙이다. 원칙 대로라면 사례의 주인공인 박 사장은 온라인 쇼핑몰과 오프라인 매장의 부가세를 각각 신고해야 한다. 그런데 이렇게 하면 한 사업장에서는 부가세를 내야 하는데, 다른 사업장에서는 부가세를 돌려받는 상황이 생길 수 있다.

부가세를 내야 하는 경우에는 납부기한까지 세금을 내야 한다. 반면 환급을 받는 데는 시간이 걸린다. 보통 납부기한으로부터 30일이 지난 다음에야 부가세를 돌려받을 수 있기 때문에 자금을 운영하는 데 어려움이 생기기 쉽다. 예를 들어 한 사업장에서는 1,000만 원을 납부해야 하는데, 다른 사업장에서는 1,500만 원을 환급받아야 하는 상황이라면 신고하고 바로 1,000만 원을 내고, 약 한 달 뒤에 1,500만 원을 환급받아야 한다.

두 개 사업장의 부가세를 합해 납부할 수 있는 방법이 있다. '주사업장 총괄납부제도'를 활용하면 된다. 이는 사업장이 여러 개일 때 부가세 신고는 사업장별로 따로 따로 하더라도 부가세를 납부하고 환급받는 것은 주사업장에서 받는 것을 말한다. 이 제도를 활용하면 내야 할 부가세보다 환급받을 부가세가 많으면 부가세를 내지 않아도 된다. 예를 들어 1,000만 원을 부가세로 내고 한 달 뒤에 1,500만 원을 환급받는 경우 부가세 납부기간 동안 부가세를 내지 않고, 한 달 후 500만 원을 환급받게 된다.

주사업장총괄납부제도를 이용하려면 과세기간 개시 20일 전까지 '주사업장 총괄납부신청서'를 주된 사업장의 관할세무서에 제출해야 한다. 또한 총괄납부를 하더라도 신고는 각 사업장별로 해야 한다. 만약 주 사업장의 부가세를 신고할 때 다른 사업장의 부가세를 합산해 신고하면 다른 사업장은 부가세를 신고하지 않은 것으로 간주해 신고불성실가산세를 물어야 한다.

'사업자단위과세제도'로 신고와 납부 모두 한 사업장에서 가능

주사업장총괄납부제도는 신고는 사업장별로 하고 납부와 환급만 통합해서 받는 제도이다. 여기서 한 걸음 더 나아가 부가세 납부와 환급은 물론 신고까지 한 사업장에서 통합해 할 수 있는 방법이 있다. '사업자단위과세제도'를 이용하면 된다. 2010년 이후 적용요건이 폐지되어 사업장이 두 개 이상인 모든 사업자가 선택에 의해 사업자단위과세제도를 신청할 수 있다.

구분	주사업장총괄납부제도	사업자단위과세제도
요건	사업장이 두 개 이상인 개인·법인	사업장이 두 개 이상인 개인·법인
주사업장	주된 사업장 (법인: 본점 또는 지점, 개인:주사무소)	사업자단위과세적용사업장 (법인: 본점, 개인:주사무소)
신청제도	기존사업자: 과세시간 개시일 20일전까지 관할세무서에 신청 (다음 과세기간부터 적용) 신규사업자: 사업자등록증 발급일로부터 20일 이내 신청 (신청과세기간부터 적용)	
사업자등록	각 사업장별로 등록	본점 또는 주사무소에서만 등록
세금계산서	각 사업장별로 발급	본점 또는 주사무소에서만 발급
신고 및 납부	납부만 총괄(신고는 별도)	총괄하여 본점 및 주사업장에서 신고 및 납부

(표) 주사업장총괄납부제도와 사업자단위과세제도 비교

07
과세유형이 바뀌었을 때의 부가세 절세 방법

김 사장은 얼마 전 일반과세자에서 간이과세자로 전환되었다는 것을 알았다. 황당한 마음에 부랴부랴 세무서에 전화해 문의해보니, 지난해 총수입이 8,000만 원 미만이어서 자동으로 간이과세자로 전환되었다고 한다.

그러지 않아도 사업이 잘 안 돼 속이 상한데, 매출이 적다고 김 사장 의지와는 상관없이 간이과세자가 되니 더 기가 막혔다. 설상가상으로 일반과세자였을 때 돌려받았던 부가세를 토해내야 한단다. 돌려받은 부가세를 내야 하는 것도 억울하지만 간이과세자로 전환되면 세금계산서를 발행할 수 없어 더 걱정이다. 현재 거래하는 업체들은 거의 대부분 세금계산서를 요구하기 때문이다. 부가세를 토해내지 않고, 세금계산서도 계속 발행할 수 있는 방법은 없을까?

간이과세포기신청으로 부가세 절세 가능

일반과세자가 간이과세자로 변경되면 부가세를 낼 때 '재고납부세액'을 납부해야 한다. 재고납부세액이란 일반과세자가 간이과세자로 바뀐 변경일 현재 존재하는 재고품 및 감가상각자산에 대해 공제받았던 매입세액을 말한다.

사업자 입장에서는 재고품이나 감가상각자산에 대해 재고납부세액을 내야 하는 것이 억울하게 느껴질 수 있다. 하지만 사실 억울할 것은 없다. 건물과 같은 감가상각자산을 예로 들면, 이런 자산은 하루 이틀 쓰고 없어지는 것이 아니어서 사용할 수 있는 기간을 임의로 정한다. 만약 10년을 사용할 것이라 정하고 건물에 대한 매입세액공제를 받았는데, 3년만에 간이과세자로 전환되었다면 7년을 사용하지 않은 것이어서 그 기간만큼의 부가세를 다시 납부하는 것이 공정하다.

하지만 일반과세자에서 간이과세자로 전환되었다는 것은 사업이 잘 안 된다는 것인데, 그런 상황에서 재고납부세액까지 내려면 큰 부담이 아닐 수 없다. 재고납부세액은 다음과 같은 방법으로 계산한다.

재고품의 경우
 재고금액 × 10/100 × {1−(0.5% × 110/10)}

건물 또는 구축물의 경우
 취득가액 × (1−5/100) × 경과된 과세기간 수 × 10/100 × {1−(0.5% × 110/10)}

그 밖의 감가상각자산의 경우
 취득가액 × (1−25/100) × 경과된 과세기간 수 × 10/100 × {1−(0.5% × 110/10)}

재고납부세액 부담이 얼마나 될 지 구체적으로 알아보기 위해 예를 들어보자. 문구용품 쇼핑몰을 운영하는 김 사장은 202X년 9월 1일 일반과세자로 등록한 후 사업을 시작했다. 사업 첫해 9월 1일부터 12월 31일까지의 매출은 2,400만 원이었고, 이를 연간 매출액으로 환산해도 2,400만 원×12개월/4개월=7,200만 원으로 간이과세자의 기준인 8,000만 원을 넘지 않았다. 이런 경우 일반과세자로 등록했어도 자동으로 다음해의 7월 1일부터 그 다음 해의 6월 30일까지 간이과세자로 전환된다.

과세유형이 바뀌는 202X년 다음해 7월 1일을 기준으로 파악된 재고는 1,000만 원이고, 사업을 시작하면서 에어컨과 컴퓨터 3대를 구입하는 데 500만 원을 쓰고 50만 원의 매입세액공제를 받았다. 이 경우 김 사장이 간이과세자로 변경되면서 납부해야 할 재고납부세액은 다음과 같다.

재고품의 경우 :

재고금액 × 10/100 × {1−(0.5% × 110/10)} = 1,000만 원 × 10/100 × {1−(0.5% × 110/10)} = 945,000원

그 밖의 감가상각자산의 경우 :

취득가액 × (1−25/100) × 경과된 과세기간 수 × 10/100 × {1−(0.5% × 110/10)} = 500만 원 × (1−0.25 × 2) × 10/100 × {1−(0.5% × 110/10)} = 236,250원

에어컨과 컴퓨터와 같은 그 밖의 감가상각자산의 감가율은 25%를 적용한다. 감가율이란 건축물인 경우 5%, 그 밖의 감가상각자산의 경우에는 25%를 적용한다. 따라서 건축물의 경우는 취득 후 10년, 기타의 감가상각

자산은 2년이 지나면 납부세액이 없다.

취득 이후 경과된 과세기간의 수는 '2'가 된다. 이를 기초로 재고납부세액을 계산해 재고품과 감가상각자산의 납부세액을 합하면 1,181,250원이 된다. 이 납부세액은 간이과세자로 적용되는 202X년 다음해 7월 1일이 속하는 과세 기간에 대한 부가세 신고를 할 때 함께 납부해야 한다.

재고납부세액을 내지 않으려면 과세유형이 바뀌기 전에 간이과세포기신고를 해야 한다. 간이과세포기는 아예 신규로 사업자등록을 하는 시점에 해도 되고, 간이과세포기를 적용받고자 하는 달의 전달의 마지막날까지 관할 세무서에 하면 된다. 간이과세포기신고를 하면 3년 동안은 매출실적이 8,000만 원 미만이더라도 간이과세자로 전환될 일이 없다.

간이과세자에서 일반과세자로 바뀌면 재고매입세액공제 가능

매출액이 8,000만 원 미만(2021년 이후 8,000만 원)이면 일반과세자로 사업자등록을 했어도 간이과세자로 전환될 수 있다. 반대로 간이과세자로 사업자등록을 했어도 매출이 기준금액을 넘으면 일반과세자로 전환된다. 일반과세자가 간이과세자로 되면 환급받았던 부가세를 일부 다시 납부해야 하지만 간이과세자가 일반과세자로 전환되면 '재고매입세액공제'를 받아 부가세를 절세할 수 있다.

간이과세자는 업종별 부가가치율에 의해 부가세를 납부한다. 따라서 부가세를 낼 때 일반과세자보다 부가세를 덜 내지만 대신 매입을 할 때 낸 부가세를 다 공제받을 수도 없다. 하지만 일반과세자로 전환되면 전환된 날을 기준으로 남아있는 재고에 대해 매입세액공제를 받을 수 있는데, 이 것이 바로 '재고매입세액공제'이다.

재고매입세액공제를 받으려면 매입을 할 때 부가세를 냈다는 것을 증명할 수 있는 세금계산서가 있어야 한다. 또한 간이과세자로서의 과세기간에 대한 확정신고와 함께 재고품 및 감가상각자산을 신고해야 한 다. 재고매입세액공제액은 다음과 같이 계산한다. 재고매입세액을 계산할 때는 재고금액이 부가세가 포함된 금액임에 주의해야 한다.

재고품의 경우 :
재고금액 × 10/110 × {1−(0.5% × 110/10)}

건물 또는 구축물의 경우 :
취득가액 × (1−5/100) × 경과된 과세기간 수 × 10/110 × {1−(0.5% × 110/10)}

그 밖의 감가상각자산의 경우 :
취득가액 × (1−50/100) × 경과된 과세기간 수 × 10/110 × {1−(0.5% × 110/10)}

앞에서 일반과세자로 문구 쇼핑몰을 운영하다 간이과세자가 되었던 김 사장이 이번에는 간이과세자에서 일반과세자로 전환했다고 가정해보자. 202X년 9월 사업을 시작해, 다음해 7월 1일부터 일반과세자로 전환했다. 다음해 7월 1일을 기준으로 파악된 재고는 1,100만 원(부가세 포함)이고, 550만 원(부가세 포함)을 주고 구입한 에어컨과 컴퓨터와 같은 감가상각자산이 있다. 물론 재고와 에어컨, 컴퓨터를 구입할 때 세금계산서를 받았다. 이 경우 공제받을 수 있는 재고매입세액은 다음과 같다.

재고품의 경우 :

재고금액 × 10/110 × {1−(0.5% × 110/10)} = 1,100만원 × 10/110 × {1−(0.5% × 110/10)} = 945,000원

그 밖의 감가상각자산의 경우 :

취득가액 × (1−50/100) × 경과된 과세기간 수 × 10/110 × {1−(0.5% × 110/10)}
= 550만원 × (1−0.5×1) × 10/110 × {1−(0.5% × 110/10)} = 236,250원

공제받을 수 있는 재고매입세액은 1,181,250원으로 결코 적은 금액이 아니다. 이 금액은 일반과세자로 전환된 기간에 대한 부가세를 신고할 때 공제받으면 된다.

08
매출대금을 못 받았는데, 부가세를 꼭 내야 할까?

●●●

조그만 제조업체를 운영하는 김 사장. 경기가 어려워 가뜩이나 매출이 뚝뚝 떨어지는데, 얼마 전 거래처가 부도가 나 5,000만 원을 못 받게 되었다. 5,000만 원이라는 큰돈을 받지 못하는 것만으로도 타격이 큰데, 곧 다가올 부가세 신고기한에 부가세까지 내야 할 생각을 하니 여간 심란한 것이 아니다. 제품을 납품한 후 바로 세금계산서를 발행했으니 부가세를 내야할 것 같기도 하지만 아무리 생각해도 매출대금을 받지도 못했는데, 500만 원을 부가세로 내려고 하니 마치 생돈을 도둑맞는 기분까지 든다. 부가세를 내지 않을 좋은 방법이 없을까?

대손세액공제가 답이다

매출대금을 받지도 못했는데, 부가세를 내야 한다면 그것만큼 억울한 일도 없다. 부가세를 내지 않을 방법이 있다. 대손세액공제를 활용하면 된다.

대손세액공제는 사업자가 거래처로부터 부가세를 징수하지 못했을 때 매출세액에서 징수하지 못한 부가세를 차감해주는 제도이다. 김 사장처럼 거래처의 부도 혹은 파산으로 외상매출금 및 기타 매출채권이 대손되어 부가세를 회수할 수 없게 된 경우 대손세액공제를 활용하면 받지 못한 부가세액을 대손이 확정된 날이 속하는 과세기간의 매출세액에서 공제받을 수 있다.

대손세액공제를 받을 수 있는 경우는 다음과 같다.

① 파산(강제화의를 포함), 강제집행, 회사정리계획인가의 결정
② 사망, 실종
③ 상법, 어음법, 수표법, 민법상의 소멸시효가 완성된 경우
④ 부도발생일로부터 6개월 이상 지난 수표 또는 어음 및 외상매출금(중소기업의 외상매출금으로 부도발생일 이전의 것) 다만, 채무자의 재산에 대하여 저당권을 설정하고 있는 경우 제외
⑤ 중소기업의 외상매출금 등으로서 회수기일이 2년 이상 지난 외상매출금 등. 다만, 특수관계인과의 거래로 인하여 발생한 외상매출금 등은 제외
⑥ 회수기일이 6개월 이상 지난 채권 중 채권가액이 30만 원 이하(채무자별 채권가액의 합계액을 기준)인 채권

대손세액공제는 그 대손이 확정된 날이 속하는 과세기간의 확정신고시 신고한다. 단, 사업자가 부가세가 과세되는 재화나 용역을 공급한 후 그 공급일로부터 10년이 경과된 날이 속하는 과세기간에 대한 확정신고 기한까지 확정된 대손이어야 한다. 이 기간이 지나면 대손세액공제를 받을 수 없으므로 주의해야 한다. 예를 들어 2016년 4월 1일에 공급한 분에 대해서는 2026년 4월 1일을 10년이 경과한 날로 보므로 2026년 4월 1일이 속하는 과세기간에 대한 확정신고기한인 2026년 7월 25일까지 대손을 확정해 신고해야 대손세액공제를 받을 수 있다. 이때 대손세액공제 신고서와 대손이 발생한 사실을 증명할 수 있는 서류를 세무서에 제출해야 한다.

전화요금, 전기요금, 가스료에 포함된 부가세도 돌려받을 수 있을까?

전화요금, 전기요금, 가스료 고지서를 보면 부가세가 포함되어 있다. 이러한 공공요금에 포함돼 부가되는 부가세는 상대적으로 적다고 생각하기 쉽지만 티끌모아 태산이다. 공공요금의 부가세도 잘 챙겨두면 절세에 도움이 된다.

공공요금에 포함된 부가세를 돌려받으려면 사업자번호로 명의를 신청해야 한다. 개인이 아닌 사업자 명의로 기재된 공공요금 영수증은 세금계산서와 동일한 효력을 지니므로 부가세를 환급받을 수 있다.

단 집을 사업장으로 신고한 사업자는 예외다. 별도로 사업장을 임차하지 않고 집을 사업장 주소로 하여 사업자등록을 할 수 있지만 집은 사업용뿐만 아니라 주거용으로도 사용하는 공간이므로 부가세를 공제받을 수 없다. 종합소득세를 신고할 때 비용으로 처리하기도 사실상 어렵다. 그렇지만 핸드폰 요금은 통신사에 전화해 개인사업자 명의로 변경하면 부가세도 공제받고 비용으로 처리할 수도 있다.

09
부가세 예정고지액, 꼭 내야 하나?

•••

　김 사장은 작년 12월에 사업을 시작했다. 미리 거래처를 확보하고 사업을 시작한 덕분에 창업하면서부터 바로 매출이 발생했다. 1월부터 6월까지 올린 매출이 무려 2,000만 원, 부가세만 해도 200만 원에 달했다. 기분 좋은 출발을 자축하며 7월 달에 부가세를 신고하고 깔끔하게 부가세 200만 원을 냈다.

　그런데 어찌된 일인지 7월부터 매출에 이상기류가 흐르더니 8월부터는 매출이 거의 발생하지 않았다. 9월 달엔 조금 나아질 것이라 위안하며 버텼지만 9월 달에도 매출은 별 볼일 없었다. 가뜩이나 마음이 불편한데, 10월 달에 접어들면서 이상한 고지서 하나가 날아왔다. 부가세 예정고지서라는데, 10월 25일까지 100만 원을 부가세로 내라고 한다. 고작해야 7월부터 9월까지의 매출이 400만 원 밖에 안 되는데 100만 원을 부가세로 내라니 어이가 없어 웃음이 나올 지경이다. 대체 부가세 예정고지라는 건 뭐고, 이걸 꼭 내야 하는 걸까?

부가세 예정고지액, 안 내면 가산세 부과

부가세 예정고지서는 개인사업자와 직전 과세기간 공급가액이 1억 5천만 원 미만인 법인사업자에게 나온다. 직전 과세기간의 납부세액이 100만 원 이상인 사업자를 대상으로 하며, 직전 과세기간에 신고한 부가세의 50%를 내라고 하는 것이 예정고지다. 예를 들어 김 사장처럼 1~6월까지의 부가세를 200만 원을 냈다면 10월 25일까지 100만 원을 납부하라는 고지서가 나온다. 간이과세자의 경우에는 전년도 1~12월분으로 신고한 부가세의 50%가 7월 25일에 예정고지된다.

여유가 있을 때는 큰 문제가 없지만 매출이 좋지 않다면 부가세 예정고지액이 부담이 될 수밖에 없다. 개인사업자의 경우 부가세 예정고지를 해야 할 의무가 없으니 부가세 확정신고를 할 때 한꺼번에 부가세를 내면 되지 않겠느냐고 생각할 수 있지만 그렇지 않다. 예정고지액은 내야 한다.

왜 6개월에 한 번씩 부가세 확정신고를 할 때 한꺼번에 부가세를 내게 하지 않고 예정고지를 하는 걸까? 표면적인 이유는 납세자를 위한 것이다. 6개월마다 부가세를 내면 그만큼 납세자의 부담이 커지니 중간에 한 번 납부하도록 해 납세자의 부담을 줄여주겠다는 의도다. 하지만 그것 외에도 국세청이 안정적으로 세금을 징수하려는 목적도 포함된다.

어떤 이유에서 예정고지 제도를 만들었든 예정고지액을 내지 않으면 가산세를 물어야 한다. 기본적으로 예정고지액의 3%에 해당하는 가산세가 붙고, 추가로 매일 0.022%의 납부지연가산세가 붙는다. 예정고지액이 적을 때는 3%의 가산세가 대수롭지 않게 느껴질 수도 있지만 금액이 커질

수록 가산세 부담도 커지니 예정고지액은 제때 내는 것이 좋다.

예외는 있다

예정고지액을 납부하는 것이 원칙이지만 매출이 급감해 예정고지액보다 실제로 납부해야 할 부가세가 적은 경우라면 억울할 수도 있다. 가뜩이나 주머니 사정이 좋지 않은데, 김 사장의 경우처럼 실제 내야 할 부가세가 40만 원에 불과한데, 예정고지액으로 나온 100만 원을 다 내기란 쉬운 일이 아니다.

다행히 김 사장과 같은 사업자를 구제하기 위한 제도가 있다. '부가세 예정신고'라는 제도를 활용하면 된다. 원래 개인사업자는 부가세 예정신고를 하지 않아도 되지만 실제 부가세가 전 부가세 과세기간에 나왔던 부가세의 1/3 미만이거나 매출이 1/3 미만으로 급감했다면 부가세 예정신고를 할 수 있다. 김 사장의 경우 1~6월까지 납부한 부가세가 200만 원인데, 7, 8, 9월의 부가세가 40만 원으로 전기 부가세 200만 원의 30%에 해당하는 60만 원보다 적다. 따라서 부가세 예정신고를 해서 40만 원만 납부하면 된다.

10
부가세를 일찍 돌려받을 수 있는 방법은 없을까?

● ● ●

작은 커피숍을 운영하던 김 사장은 몇 달 전 대대적인 확장 공사를 했다. 처음에는 테이블 3개만 놓고 시작했는데, 시간이 지날수록 입소문이 나면서 단골손님이 늘어 커피숍을 확장하지 않고서는 영업하기가 어려웠다. 때맞춰 카페 옆에 있던 꽃가게가 다른 곳으로 이전해 꽃가게 공간을 인수한 뒤 커피숍을 다시 꾸몄다.

원래 커피숍은 그대로 두고 확장한 공간만 인테리어를 했는데도 비용이 꽤 많이 들었다. 커피 머신도 새로 구입했더니 부가세만 해도 1,000만 원이 훌쩍 넘었다. 작은 커피숍에서 1,000만 원은 큰돈이다. 새로 인테리어를 하느라 영업을 못해 매출이 거의 없다보니 인테리어를 하고 커피 머신을 구입하면서 지출했던 부가세를 빨리 돌려받고 싶은 마음 간절하다. 원래는 부가세 신고기간이 경과된 후 30일 이내에 돌려받을 수 있다고 알고 있지만 조금이라도 당겨 받고 싶다. 무슨 좋은 방법이 없을까?

조기 환급 신청을 하면 가능하다

매출세액보다 매입세액이 많으면 부가세를 돌려받는다. 보통 부가세 확정신고 기간이 지난 후 30일 이내에 환급받을 수 있다. 법인 사업자의 경우 예정신고 때 환급받을 세액이 발생해도 바로 돌려주지 않는다. 다음 확정신고에 반영해 납부할 세액에서 공제하고 남은 매입세액을 돌려주는 것이 기본이다.

다행히 부가세를 좀 더 일찍 돌려받는 방법이 있다. 부가세 조기 환급 신청을 하면 된다. 부가세 예정신고 기간 또는 과세기간 최종 3월 중 매월 혹은 매 2월이 끝난 날부터 25일 이내 신고하면 15일 이내에 환급받을 수 있다. 단 누구나 조기 환급을 받을 수 있는 것은 아니다. 사업 설비를 신설, 취득, 확장 또는 증축하는 경우에만 가능하다. 김 사장의 경우 커피 머신과 카페 인테리어가 사업 설비에 포함되므로 조기 환급 신고를 할 수 있다.

구분	예정신고기간 중		과세기간 최종 3월	
	대상기간	신고기한	대상기간	신고기한
매월	1월 1일~1월 31일 2월 1일~2월 28일 3월 1일~3월 31일	2월 25일 3월 25일 4월 25일	4월 1일~4월 30일 5월 1일~5월 31일 6월 1일~6월 30일	5월 25일 6월 25일 7월 25일
매 2월	1월 1일~2월 28일 2월 1일~3월 31일	3월 25일 4월 25일	4월 1일~5월 31일 5월 1일~6월 30일	6월 25일 7월 25일
3월	1월 1일~3월 31일	4월 25일	4월 1일~6월 30일	7월 25일

(표) 개인사업자의 납세 세율

영세율이 적용되는 수출 사업을 하는 경우에도 조기 환급이 가능하다.

영세율은 매출세액을 산출할 때 세율을 공급가액의 10%가 아닌 0%를 적용하는 것이다. 이 경우 매출세액은 없고 매입세액만 있으므로 전액 돌려받을 수 있다. 조기 환급을 받으려면 부가세 신고서를 작성해 신고하면 된다. 이때 신고서에 있는 '조기환급란'에 체크하고 부가세 신고란 밑에 있는 계좌번호 기록하는 난에 부가세를 돌려받을 계좌번호를 적으면 된다.

조기 환급받은 부가세를 토해내지 않으려면?

부가세를 일찍 돌려받으면 자금을 운영하는 데 여러 모로 도움이 되지만 자칫 잘못하면 애써 돌려받은 부가세를 다시 토해내야 할 수도 있다.

건물이나 구축물을 취득, 증축해 부가세를 일찍 돌려받았다면 이후 적어도 10년, 그 밖의 감가상각자산을 취득한 경우에는 이후 2년간은 일반과세자를 유지해야 한다. 부가세를 일찍 돌려받고 이 기간 이내에 폐업을 하거나 간이과세자로 변경되면 전부는 아니더라도 환급받은 부가세를 재납부할 수도 있기 때문이다. 하지만 어쩔 수 없이 폐업하게 되는 경우가 있다. 최선을 다했어도 불가피하게 폐업할 수도 있는데, 이때 폐업하면서 제3자에게 사업을 포괄 양도하면 환급받은 세액을 토해내지 않아도 된다.

일반과세자로 조기 환급을 받았다가 간이과세자가 되어도 환급받은 부가세를 재납부해야 하는 상황이 일어날 수 있다. 일반적으로 일반과세자로 사업자등록을 했더라도 총수입금액이 8,000만 원 미만이면 간이과세자로 과세유형이 바뀐다. 하지만 총수입금액이 8,000만 원이 안 되더라도 간이과세포기 신청을 하면 일반과세자를 유지할 수 있다.

Part 5.
소득세, 아는 만큼 줄어든다

01
종합소득세와 법인세를 계산하는 방법은?

•••

　김 사장은 지난해 직장을 나와 컨설팅 업체를 창업했다. 컨설팅 회사를 다니면서 거래처를 확보해 둔 덕분에 비교적 순조롭게 사업을 하고 있다. 처음에는 혼자 시작했지만 지금은 사업이 번창해 똘똘한 직원도 뽑았다.

　컨설팅 사업을 하기에도 벅찬데, 강의와 원고 요청도 많이 들어오고 있다. 바쁜 와중에도 강의를 하고, 잡지에 원고를 기고하면 업체의 브랜드 이미지를 높이는데 도움이 될 것 같아 열심히 했다.

　그런데 종합소득세를 내야 하는 5월이 가까워지면서 고민에 빠졌다. 사업으로 발생한 매출도 적지 않은데, 지난해 받은 강의료와 원고료를 계산해보았더니 생각했던 것보다 훨씬 많았다. 강의료와 원고료까지 합하면 종합소득세가 꽤 많이 나올 것 같아 걱정이다. 강의료와 원고료는 받을 때 이미 세금을 떼고 받았는데, 꼭 종합소득세 신고를 할 때 포함시켜야 할까?

소득은 종류와 상관없이 모두 신고 대상

　사업자라면 누구나 매년 5월 종합소득세 신고를 해야 한다. 개인사업자는 매년 1월 1일부터 12월 31일까지의 소득에 대해, 법인은 회계연도기간의 소득에 대해 세금을 내야 한다. 다만 개인사업자가 내는 소득세를 '종합소득세', 법인이 내는 세금을 '법인세'라고 부른다.

　소득의 종류는 이자소득, 배당소득, 사업소득, 근로소득, 연금소득, 기타소득, 퇴직소득, 양도소득 등 8가지로 구분된다. 이 중 퇴직소득과 양도소득을 제외한 6가지 소득을 합해 종합소득세를 결정한다. 소득의 종류를 잘 알아두고 종합소득세 대상이 되는 소득을 빠뜨리지 않고 신고하는 것이 절세의 지름길이다.

● 이자소득과 배당소득

　이자소득과 배당소득을 합해 금융소득이라 하는데, 연간 금융소득이 2,000만 원을 초과하면 종합소득에 합산해 신고해야 한다. 금융소득 종합과세를 피하려면 비과세 보험상품이나 분리과세되는 금융상품에 가입하고 만기를 조절해 금융소득이 2,000만 원을 넘지 않도록 하는 것이 좋다.

● 사업소득

　사업을 하면서 발생한 매출은 물론 개인 자격으로 강의를 하거나 원고를 기고하고 받은 대가도 사업소득에 포함된다. 또한 2010년부터는 부동산임대소득도 사업소득으로 통합되었다.

● 근로소득

　근로소득은 사업자에게는 해당하지 않는 소득이다. 하지만 처음 사업을 시작한 해에 직장생활을 했을 경우에는 근로소득이 있을 수 있으므로 빼놓지 않도록 한다. 물론 근로소득의 경우 퇴직할 때 퇴직자 연말정산에 의해 소득세를 미리 정산하지만 이후 사업소득이 발생한 경우라면 연말정산한 근로소득과 사업소득을 합산해 신고·납부해야 한다.

● 연금소득

　연금소득은 공적연금소득과 사적연금소득 두 종류로 나뉜다. 공적연금소득은 국민연금소득, 공무원연금법 등에 의한 연금 등이 있고, 사적연금소득은 퇴직보험연금, 개인연금, 퇴직연금, 기타 유사연금 등이 있다. 연금 개시 시점이 대부분 60세 이후여서 사업자 중 연금소득이 있는 경우가 그리 많지는 않겠지만 있다면 총 연금액에서 연금소득공제액을 뺀 금액을 다른 소득과 합산해 신고하면 된다.

● 기타소득

　기타소득은 앞에서 소개한 소득에 포함되지 않는 소득을 말한다. 복권 당첨금, 사례금, 상품권, 위약금과 배상금 등이 다 기타소득에 포함된다. 강의료는 사업소득으로 분류할 수도 있지만 일시적, 비정기적인 강의료는 기타소득에 포함시킬 수도 있다. 기타소득은 연간 기타소득금액 300만 원까지는 20% 단일과세로 적용되고, 300만 원이 초과하면 종합과세

대상이 된다. 따라서 총수입금액에서 필요경비를 빼고 남은 금액이 연간 300만 원 이하일 때는 종합소득에 합산해 신고할 수도 있고, 따로 분리해 22%(20% 소득세+2% 지방소득세)의 원천징수로 끝낼 수도 있다. 하지만 연간 기타소득이 300만 원을 초과하면 무조건 종합소득으로 합산해 신고해야 한다.

사업소득금액은 어떻게 결정할까?

한 해 동안 벌어들인 수입이 1억 원이라면 1억 원 모두에 대해 소득세를 내야 하는 것일까? 그렇지는 않다. 종합소득세를 계산할 때는 총수입금액 전부에 소득세를 매기는 것이 아니다. 총수입금액에서 각종 필요경비를 빼고 남은 금액을 '사업소득금액'이라 하는데, 이 사업소득금액을 기준으로 소득세를 부과한다.

> 사업소득금액 = 총수입금액 − 필요경비

종합소득세를 산출할 때는 사업소득금액 외에도 다른 5가지 소득을 합산한 금액을 기준으로 한다. 다른 소득도 소득 전부가 과세 대상이 되는 것이 아니라 필요경비를 제외한 금액이 합산된다.

총수입금액을 신고할 때 현금매출은 당연히 소득에 포함시켜야 한다. 현금을 아직 받지 못했더라도 향후 대금을 청구해 받을 권리가 있다면 소득에 포함시켜 신고해야 한다. 그런데 대부분의 사업자가 세금을 적게 내려는 목적으로 현금매출의 일부 혹은 상당부분을 누락시키는 경우가 종종 있는데, 이는 절세가 아닌 탈세행위이다. 향후 적발되면 가산세를 포함한 엄청난 세금을 물어야 하니 정직하게 신고하는 것이 좋다.

총수입금액을 산정할 때는 증빙서류가 없는 현금매출도 꼭 수입에 포함시켜야 하지만 필요경비는 세금계산서, 계산서, 영수증을 비롯한 증빙서류를 갖춘 경우에만 비용으로 인정받을 수 있다. 또한 개인사업자의 경우 사업과 상관없이 개인적으로 쓴 비용까지 필요경비에 포함시키는 경우가 있는데, 사업과 관련된 비용만 필요경비로 인정받을 수 있음을 주의해야 한다.

과세표준에 따라 세금도 달라진다

총수입금액에서 필요경비를 빼 사업소득금액이 얼마인지 결정되었다고 끝이 아니다. 사업소득이 결정되고 사업소득 외의 다른 소득을 합해 종합소득금액이 확정되면 인적공제를 비롯해 여러 가지 공제사항들을 적용해 종합소득금액에서 일정금액을 차감한다. 이렇게 각종 공제사항을 뺀 최종금액을 과세표준이라 하는데, 종합소득세와 법인세는 이 과세표준을 기준으로 산출한다. 단 법인인 경우에는 종합소득공제가 없다.

종합소득공제를 잘하면 절세에 도움이 된다. 어떻게 하면 소득공제를 많이 받을 수 있는가에 대해서는 별도로 자세히 설명할 것이므로 여기서는 사업소득금액에서 종합소득공제를 적용한 것이 과세표준이라는 것만 알고 넘어가자.

종합소득세와 법인세는 과세표준이 얼마인가에 따라 달라진다. 개인사업자와 법인은 각각 과세표준에 따라 적용하는 세율이 다르다. 개인사업자의 경우 과세표준을 총 8개 구간으로 구분해 세율을 적용하는 것에 비해 법인사업자의 경우에는 4개 구간으로 비교적 간단하게 구분하고 있다.

과세표준금액	세율
1,200만 원 이하	과세표준금액의 6%
1,200만 원 초과 4,600만 원 이하	72만 원 + 1,200만 원을 초과하는 금액의 15%
4,600만 원 초과 8,800만 원 이하	582만 원 + 4,600만 원을 초과하는 금액의 24%
8,800만 원 초과 1억 5,000만 원 이하	1,590만 원 + 8,800만 원을 초과하는 금액의 35%
1억 5,000만 원 초과 5억 원 이하	3,760만 원 + 1억 5,000만 원을 초과하는 금액의 38%
3억 원 초과 5억 원 이하	9,460만 원 + 3억 원을 초과하는 금액의 40%
5억 원 초과 10억 원 이하	1억 7,460만 원 + 5억 원을 초과하는 금액의 42%
10억 원 초과	3억 8,460만 원 + 10억 원을 초과하는 금액의 45%

(표) 개인사업자의 납세 세율

과세표준금액	세율
2억 원 이하	과세표준금액의 10%
2억 원 초과 200억 원 이하	2,000만 원 + 2억 원을 초과하는 금액의 20%
200억 원 초과 3,000억 원 이하	39억 8,000만 원 + 200억 원을 초과하는 금액의 22%
3,000억 원 초과	655억 8,000만 원 + 3,000억 원을 초과하는 금액의 25%

(표) 법인사업자의 납세 세율

02
소득공제와 세액공제만 잘 챙겨도 소득세가 준다

• • •

개인사업자 홍 사장은 5월을 맞아 종합소득세를 계산해보고 깜짝 놀랐다. 홍 사장이 하는 사업이 주로 노하우를 파는 것이어서 필요 경비로 인정받을 수 있는 것이 그리 많지 않아 어느 정도 예상은 했었지만 소득세가 나와도 너무 많이 나왔다. 사업 초기라 자금 사정이 넉넉지 않아 소득세 몇 백만 원을 훌쩍 넘는 소득세를 내려면 대출이라도 받아야 할 판이다.

그런데 비슷한 시기에 비슷한 업종에서 사업을 시작한 친구를 만나 술 한 잔을 하다 놀라운 사실을 알게 되었다. 소득규모와 필요경비로 인정받는 수준이 거의 비슷한데, 그 친구 소득세는 홍 사장의 절반가량밖에 되지 않았다. 궁금해 비결을 물었더니 전혀 예상치 못했던 대답이 돌아왔다.

"특별한 건 없는데, 우리 집에 가족이 많잖아. 내가 장남이라 부모님도 모시고 있고, 애도 셋이나 되니 인적공제를 많이 해주더라고."

믿기지가 않았다. 정말 인적공제를 더 많이 받았다고 그렇게까지 소득세가 줄 수 있는 것일까?

소득공제로 얼마만큼 세금을 줄일 수 있을까?

1년 동안 벌어들인 종합소득금액에서 소득공제액을 뺀 금액을 '종합소득과세표준'이라고 한다. 소득세는 소득규모에 따라 적용세율이 달라지므로, 소득규모가 클수록 소득공제 절세효과도 크다. 예를 들어 종합소득금액이 6,000만 원이고, 소득공제가 1,000만 원인 개인사업자의 경우에는 최고 24%의 세율을 적용받는다. 따라서 1,000만 원을 소득공제 받으면 1,000만 원×24%=240만 원을 절감할 수 있다. 여기에 소득세를 낼 때는 소득세의 10%를 지방소득세로 내므로 24만 원의 지방소득세를 추가로 절세 가능하다.

소득공제는 크게 인적공제, 연금보험공제, 특별소득공제, 조특법상 소득공제 등으로 구분된다. 비록 사업자는 근로소득자에 비해 공제 항목의 수는 적지만, 소득공제를 많이 받을수록 절세 효과도 크므로 해당하는 항목을 빠뜨리지 말고 모두 공제받도록 한다.

● 인적공제

부양가족의 상황에 따라 공제받는 것을 '인적공제'라고 한다. 인적공제는 기본공제, 추가공제가 있다. 기존의 다자녀추가공제는 2014년부터 자녀관련 소득공제와 묶여 자녀세액공제로 개편되었다. 기본공제는 본인, 배우자, 부양가족 등 3가지 종류가 있으며, 모두 150만 원씩 공제된다. 본인은 무조건 공제를 받지만 배우자의 경우 연간 소득금액이 100만 원 이하여야 공제받을 수 있다. 부양가족 공제는 20세 이하 또는 60세 이상이어야 한다. 경제능력이 없는 자녀라도 만으로 20세가 넘으면 공제대상에서 제외되니 주의해야 한다.

    추가공제에는 경로우대, 장애인, 부녀자, 한부모공제 등 4가지 공제가 있다. 경로우대공제는 70세 이상이면 100만 원, 장애인 공제는 기본공제대상자가 장애인일 경우 받을 수 있는데, 공제액이 200만 원으로 큰 편이다. 배우자가 없는 여성(종합소득금액이 3,000만 원 이하)으로서 부양가족이 있는 세대주이거나 배우자가 있는 여성인 경우 50만 원을 공제받는다. 배우자가 없는 사람으로서 기본공제대상자인 직계비속 또는 입양자가 있는 경우 100만 원이 공제된다.

구분	공제 내용	공제금액(원)	기타사항
기본공제	본인공제	1,500,000	사업자 본인(무조건 공제 대상)
	배우자공제	1,500,000	배우자 연간소득 금액이 100만 원 이하일 경우
	부양가족공제	1,500,000	20세 이하이거나 60세 이상으로 연간 소득금액이 100만 원 이하인 경우. 단 장애인은 연령 제한 없음
추가공제	경로우대공제	1,000,000	기본공제대상자가 70세 이상인 경우
	장애인공제	2,000,000	기본공제대상자가 장애인인 경우
	부녀자공제	500,000	사업자 본인이 여성으로 배우자가 있거나 부양가족이 있는 세대주인 경우 (종합소득금액 3,000만 원 이하일 경우)
	한부모공제	1,000,000	배우자가 없는 사람으로서 기본공제대상자인 직계비속 또는 입양자가 있는 경우

(표) 인적공제 내용

● 연금보험료공제

국민연금과 공무원연금 등 공적연금의 경우 납입액 전액이 소득공제된다.

구분	공제 내용	공제금액(원)	기타사항
연금보험료 공제	국민연금	납입액	국민연금법에 따라 부담하는 연금보험료 전액
	공무원연금 등 공적연금	납입액	공무원연금, 군인연금, 사립학교교직원연금, 별정우체국연금

(표) 연금보험료공제 내용

● 그 밖의 소득공제

사업자는 근로자와 달리 신용카드 사용금액 공제 등 적용되지 않는 소득공제가 많다. 아래의 소득공제는 사업자도 해당이 되는 항목이므로 해당되는 부분이 있는지 꼼꼼히 살펴 공제받도록 하자.

구분	공제 내용	공제금액(원)	기타사항
그 밖의 소득공제	개인연금저축 소득공제	납입액×40%	2000.12.31. 이전에 가입하여 해당 과세기간에 불입한금액 공제한도 : 연 72만 원
	소기업, 소상공인 공제부금 소득공제	납입액	공제한도 - 사업소득금액이 4천만 원 이하 : 500만 원 사업소득금액이 4천만 원 초과 1억 원 이하 : 300만 원 사업소득금액이 1억 원 초과 : 200만 원

	중소기업창업투자 조합출자 등 소득 공제	투자금액×10%	중소기업창업투자조합 출자 또는 투자시 공제한도 : 종합소득금액×50%
	목돈 안 드는 전세 임차차입금 이자상 환액 소득공제	이자상환액× 40%	임대인이 목돈 안 드는 전세보증금 을 금융회사로부터 차입하고 임차 인이 해당 차입금의 이자를 상환하 는 경우 임대인의 해당 과세기간의 종합소득금액에서 공제 공제한도 : 연 300만 원

(표) 그 밖의 소득공제 내용

세액공제, 소득공제보다 절세효과 크다

소득세를 낼 때 공제받을 수 있는 항목은 크게 소득공제와 세액공제로 구분할 수 있다. 세액공제는 산출세액에서 차감되는 금액이다. 종합소득 과세표준에 세율을 곱한 금액이 산출세액인데, 이 산출세액에서 공제해주는 것이 세액공제라서 소득이 적은 사람일수록 절세효과가 크다. 세액공제를 받을 수 있는 항목은 다음과 같다.

● 기장세액공제

간편장부 대상자가 복식기장을 하면 산출세액의 20%를 세액공제 받을 수 있다. 공제액의 상한선은 100만 원이다. 통상적으로 사업을 개시한 첫해에는 매출 규모와 상관없이 간편장부 대상자에 해당하므로 세액공제를 받을 수 있다.

- **자녀세액공제**

    기본공제대상자에 해당하는 자녀(입양자 및 위탁아동을 포함한다)로서 7세 이상의 사람(7세 미만의 취학아동을 포함한다)에 대해서는 자녀수에 따라 다음과 같이 세액공제를 적용한다.

    - 1명인 경우 : 15만 원
    - 2명인 경우 : 30만 원
    - 3명인 경우 : 30만 원 + 2명을 초과하는 1명당 30만 원
    - 출생입양공제 : 첫째 30만 원, 둘째 50만 원, 셋째 이상 70만 원

- **연금계좌세액공제**

    연금계좌에 납입한 금액의 12%(종합소득금액 4,000만 원 또는 총급여 5,500만 원 이하 15%)를 세액공제 받을 수 있다.

    - 공제한도 : 연금저축 400만 원
                (종합소득금액 1억 원 또는 총급여 1억 2천만 원 초과시 300만 원)
                연금저축과 퇴직연금을 합한 납입액 700만 원
                (개인종합자산관리계좌의 계약기간 만료 후 연금계좌로 납입한 금액 포함)

- **중소기업에 대한 특별세액감면**

    중소기업은 대기업이나 다른 일반기업에 비해 세액감면 및 세액공제를 받을 수 있는 기회가 많다. 공제액은 업종과 규모에 따라 다른데, 적게는

5%에서 많게는 30%까지 세액공제를 받는다.

● 정치자금기부금 세액공제

정치자금으로 기부한 금액도 세액공제 대상이다. '정치자금법'에 따라 정당(동법에 의한 후원회 및 선거관리위원회를 포함)에 기부한 정치자금 중 10만 원까지는 9만 909원(기부금액의 100/110)을 세액공제받을 수 있고, 10만 원 초과~3천만 원 이하는 기부금액의 15%를, 3천만 원 초과 기부금액에 대해서는 25%의 세액공제를 받을 수 있다.

● 현금영수증가맹점에 대한 소득세 세액공제

현금영수증 가맹점이 거래건별 5,000원 미만의 거래에 대해 현금영수증을 발급하는 경우 해당 과세기간별 현금영수증 발급건수에 20원을 곱한 금액을 공제받을 수 있다. 이 경우 최대 공제받을 수 있는 금액은 산출세액을 한도로 한다.

03
노란우산공제에 가입하면 소득세가 많이 줄까?

● ● ●

개인사업자등록 후 스마트스토어에서 마스크를 판매하고 있는 윤 사장은 소득세 신고를 앞두고 행복한 고민에 빠졌다. 마스크를 판 지는 약 2년 정도 된다. 코로나19 때문에 첫 해도 매출이 나쁘지 않았는데 2년차에 접어들면서 매출이 200%가량 늘었다.

대부분의 자영업자가 영업제한으로 큰 손실을 입고 있는데, 매출이 느는 것은 분명 감사한 일이다. 하지만 매출이 느는 만큼 소득세도 많이 나올 것 같아 걱정이다. 대충 계산을 해봐도 소득세가 500만 원을 훌쩍 넘는다. 많이 번 만큼 소득세가 많아지는 것은 당연하지만 부담이 될 수밖에 없는 고민이다. 고민하는 윤 사장을 보고 선배 사업자인 김 사장이 한마디한다.

"뭘 고민해. 노란우산공제에 가입해"

연간 최대 500만 원까지 소득공제

　사업을 시작한지 얼마 안 되는 초보사장들이 꼭 눈여겨봐야 할 것 중 하나가 '노란우산공제'이다. 노란우산공제에 가입하면 1년 동안 납부한 금액을 최대 500만 원까지 소득공제를 받을 수 있다. 이미 소득공제 상품에 가입했더라도 노란우산공제는 별도로 소득공제를 받을 수 있어 더욱 매력적이다.

　하지만 혜택이 좋은 만큼 아무나 가입할 수 있는 것은 아니다. 노란우산공제는 소기업과 소상공인을 보호하고 지원하기 위해 마련된 것이다. 소기업의 기준은 업종별로 차이가 있지만 3년 평균 매출액을 기준으로 10억~120억 원 이하이어야 한다. 프리랜서나 보험설계사, 강사나 등록되지 않은 소상공인도 가입할 수 있지만 도박업, 유흥업종, 안마업 등은 제외된다. 각 업종별 가입 조건은 다음 표와 같다.

업종	3년 평균 매출액
제조업(의료용 물질, 의약품 등 15개)	120억 원 이하
전기, 가스, 수도사업	
제조업(펄프, 종이, 종이제품 등 9개), 광업, 건설업, 운수업	80억 원 이하
농업, 임업, 어업, 금융, 보험업	
출판, 영상, 정보 서비스	50억 원 이하
도,소매업	
전문, 과학, 기술 서비스, 사업 서비스	30억 원 이하
하수, 폐기물처리업, 예술, 스포츠, 여가서비스, 부동산 임대업	

업종	3년 평균 매출액
보건, 사회복지 서비스	10억 원 이하
개인 서비스업, 교육 서비스업, 숙박, 음식업	

(표) 노란우산공제에 가입할 수 있는 조건

　노란우산공제의 소득공제 한도는 사업자의 종류와 매출규모에 따라 달라진다. 또한 다른 소득공제와 마찬가지로 노란우산공제도 소득규모가 클수록 절세 효과가 크다. 우리나라 소득세는 누진세율이 적용되고, 소득이 많을수록 세율이 높기 때문이다. 다음 표를 보면 사업자유형과 소득별로 최대 공제한도와 절세효과가 어느 정도인지 알 수 있다.

구분	사업 소득금액	최대 소득공제 한도	예상 세율	절세 효과
개인, 법인 대표	4천만 원 이하	500만 원	6.6~16.5%	330,000원 ~ 825,000원
개인	4천만 원 초과 ~ 1억 원 이하	300만 원	16.5~38.5%	495,000원 ~ 1,155,000원
법인 대표	4천만 원 초과 ~ 5,675만 원 이하	300만 원	16.5~38.5%	495,000원 ~ 1,155,000원
개인	1억 원 초과	200만 원	38.5~49.5%	770,000원 ~ 990,000원

(표) 소득공제 절세효과

　이처럼 노란우산공제는 절세효과가 크다. 따라서 사업자라면 공제를 받을 수 있는 최대한도까지 가입하는 것이 절세를 할 수 있는 지름길이다.

노란우산공제 납부금액은 종합소득세신고서에 자동으로 기록되어 나오므로 별도의 증빙서류를 갖출 필요가 없다. 월 납입금은 5만~100만 원으로 자유롭게 정하면 되고, 사정에 따라 증감도 가능하다.

어떤 상황에서도 보호받는 목돈 마련에도 제격

노란우산공제가 사업자들에게 좋은 이유는 절세효과가 뛰어나기 때문만은 아니다. 노란우산공제의 이율은 복리이므로 단리에 비해 이자가 훨씬 많다. 복리는 시간이 길수록 붙는 이자가 많으므로 오래 사업을 하면서 꾸준히 납입하면 더 많은 목돈을 만들 수 있다.

무엇보다 노란우산공제의 좋은 점은 압류, 양도, 담보제공이 법적으로 금지되어 있다는 점이다. 망할 생각으로 사업을 하는 사람은 아무도 없지만 사업을 하다 보면 빚도 지고, 폐업을 할 수도 있다. 이런 경우 채무자들이 압류를 걸거나 빚 독촉을 할 수도 있는데, 노란우산공제에 납입한 돈은 건드릴 수 없다. 따라서 설령 사업이 잘 안 되었더라도 노란우산공제에 저축했던 돈으로 생활을 하거나 재기를 하는 발판을 만들 수도 있다.

또한 노란우산공제는 사업자들의 퇴직금이기도 하다. 근로자들은 퇴직할 때 퇴직금을 받지만 사업자는 퇴직금이 없다. 결국 스스로 퇴직금을 마련하는 것이 좋은데, 노란우산공제가 훌륭한 대안이 될 수 있다.

04
장부가 없을 때 소득세 신고는 어떻게?

•••

    사업을 하면서 수입과 지출 내역을 장부에 꼼꼼하게 정리하는 것은 기본이다. 그걸 잘 알면서도 작년 5월 사업을 시작한 민 사장은 장부를 작성하지 못했다. 처음 한 달가량만 쓰는 둥 마는 둥 하다 그 이후에는 바쁘다는 핑계로 거의 손을 못 댔다.

    더 큰 문제는 장부만 기록하지 못한 것이 아니라 경비로 지출한 내역을 입증할 증빙서류도 변변히 갖추지 못했다는 것이다. 세금계산서를 받은 것은 몇 장 있는데, 영수증을 비롯한 다른 증빙서류는 거의 없다.

    결국 제대로 장부를 작성하지 않고 증빙서류를 챙겨놓지 않은 대가는 소득세를 신고하면서 톡톡히 치를 위기에 처했다. 사업 첫 해 매출이 1억 원인데, 인정받을 수 있는 경비는 고작 1,000만 원이 전부다. 수입에서 경비를 뺀 금액이 무려 9,000만 원으로, 이 정도 수준이면 적용세율이 높은 35%에 해당한다. 대충 계산해보아도 내야 할 소득세가 엄청나다. 장부를 작성하지 않은 것은 잘못이지만 조금이라도 소득세를 줄일 수 있는 방법은 없는 것일까?

사업 첫해에는 단순경비율 적용 가능

장부를 기장하지 않은 사업자들을 구제하기 위해 마련한 것이 '단순경비율'과 '기준경비율'이다. 이는 장부를 기장하지 않아도 수입금액의 일정 비율을 경비로 인정해주는 제도이다. 기준경비율에 비해 단순경비율을 적용했을 때 인정받을 수 있는 경비의 폭이 크다. 하지만 단순경비율을 적용받을 수 있는 대상자의 조건은 상당히 까다로운 편이다. 단순경비율을 적용받으려면 해당과세기간의 수입금액이 간편장부 대상자 수입금액에 해당하고 기존 사업자의 경우 직전년도 수입금액의 합계액이 아래 표와 같이 일정금액에 미달해야 한다.

업종	당해년도 수입금액	직전년도 수입금액
가. 농업, 임업, 어업, 광업, 도매업, 소매업(상품중개업 제외), 부동산매매업, 그 밖의 '나' 및 '다'에 해당하지 않은 사업	3억 원 미만	6,000만 원 미만
나. 제조업, 숙박 및 음식점업, 전기·가스·증기 및 수도사업, 하수·폐기물처리·원료재생업, 건설업(비주거용 건물 건설업 제외), 부동산 개발 및 공급업(주거용 건물 개발 및 공급업에 한정), 운수업 및 창고업, 정보통신업, 금융 및 보험업, 상품중개업	1억 5,000만 원 미만	3,600만 원 미만
다. 부동산 임대업, 부동산업(부동산매매업 제외), 전문·과학·기술 서비스업, 사업시설관리·사업지원 및 임대 서비스업, 교육 서비스업, 보건업 및 사회복지 서비스업, 예술·스포츠 및 여가관련 서비스업, 협회 및 단체, 수리 및 기타 개인 서비스업, 가구내 고용활동	7,500만 원 미만	2,400만 원 미만

(표) 단순경비율 대상자

표에서 알 수 있듯이 단순경비율 대상자의 수입금액 기준이 상당히 낮은 편이다. 아무리 소규모로 사업을 시작해도 직전년도 수입금액이 기준금액에 미달하기란 쉬운 일이 아니다. 다행히 사업을 시작한 첫해에는 간편장부 대상자 수입금액을 기준으로 하고 있기 때문에 좀더 많은 사업자가 단순경비율 혜택을 볼 수 있다.

단순경비율은 업종별로 천차만별이다. 서비스업의 경우 단순경비율이 60% 정도지만 제조업은 90% 이상까지 단순경비율을 적용할 수 있다. 업종별 단순경비율을 확인하는 방법은 간단하다. 국세청 홈페이지에서 확인할 수도 있고, 종합소득세를 신고해야 할 5월이 되면 국세청에서 안내문을 보내는데, 안내문에 자신의 단순경비율과 기준경비율이 적혀 있다.

단순경비율을 이용해 소득금액을 계산하는 방법은 다음과 같다.

> 소득금액 = 수입금액 − (수입금액 × 단순경비율)

예를 들어 조그만 한식당을 운영하는 사업자의 경우 단순경비율이 88.6%이다. 사업 첫해 매출이 1억 원이라면 간편장부 대상자에 해당하므로 단순경비율을 적용받을 수 있다. 따라서 소득금액은 1억 원−(1억 원×88.6%)=1억 원−8,860만 원=1,140만 원이 된다.

단순경비율 대상자가 아닐 때는 기준경비율 적용

단순경비율을 적용받기는 상당히 어렵다. 사업 첫해에는 수입규모가 그나마 간편장부 대상자에 해당할 때는 단순경비율을 적용받을 수 있지만 당장 그 다음해부터는 수입이 똑같더라도 단순경비율 대상자에서 제외된다. 대신 기준경비율에 의해 경비를 인정받을 수 있지만 기준경비율은 단순경비율에 비해 아주 인색하다. 예를 들어 한식당의 경우 단순경비율은 88.6%이지만 기준경비율은 9.7%에 불과하다.

기준경비율을 적용해 소득금액을 계산하는 방법은 두 가지이며 간편장부 대상자일 경우와 복식부기 대상자일 경우가 다르다. 두 가지 방법으로 계산해 더 적은 금액을 선택하면 된다. 기준경비율은 매년 국세청장이 결정해 고시하며, 방법 2의 배율 역시 매년 달리 적용하고 있다.

방법 1)
간편장부 대상자인 경우 : 소득금액 = 수입금액 − 주요경비(매입비용 + 임차료 + 인건비) − (수입금액 × 기준경비율)
복식부기 대상자인 경우 : 소득금액 = 수입금액 − 주요경비(매입비용 + 임차료 + 인건비) − (수입금액 × 기준경비율 × 1/2)
방법 2) 소득금액 = {총수입금액 − (총수입금액 × 단순경비율)} × 배율

매입비용, 임차료, 인건비와 같은 주요비용은 당연히 증빙서류를 갖추어야 한다. 만약 증빙서류가 없다면 수입금액에 기준경비율을 곱한 금액만큼만 비용으로 인정받을 수 있기 때문에 절세효과가 크지 않다. 반면 주요경비라도 증빙서류를 챙겨놓았을 때는 주요경비를 경비로 인정받을 수 있어 소득세를 대폭 줄일 수 있다. 예로 연 1억 원의 매출을 올린 한식당이 증빙서류가 있을 때와 없을 때 소득금액이 어떻게 달라지는 지 살펴보자.

증빙서류를 제대로 수취한 경우

매출 1억 원에 증빙서류를 갖춘 경비가 7,000만 원일 경우 소득금액은 다음과 같다. 한식당의 기준경비율은 9.7%, 단순경비율은 88.6%로 적용한다(이 비율은 매년 달라진다). 매출이 1억 원이면 간편장부 대상자에 속하므로 간편장부 대상자에 해당하는 산식을 적용한다. 두 가지 산식 중 첫 번째 산식으로 계산한 금액이 더 적으므로 2,030만 원이 소득금액이 된다.

> **방법 1)**
> **소득금액** = 수입금액 − 주요경비(매입비용 + 임차료 + 인건비) − (수입금액 × 기준경비율)
> = 1억 원 − 7,000만 원 − (1억 원 × 9.7%) = 2,030만 원
>
> **방법 2)**
> **소득금액** = {총수입금액 − (총수입금액 × 단순경비율)} × 배율
> = {1억 원 − (1억 원 × 88.6%)} × 배율(2.8) = 3,192만 원

증빙서류를 제대로 수취하지 못한 경우

그렇다면 경비를 증명할 수 있는 증빙서류가 하나도 없을 때는 소득금액이 얼마나 나올까? 기준경비율을 적용했을 때의 소득금액은 9,030만 원이라는 어마어마한 금액이 나온다. 그나마 방법 2처럼 단순경비율을 적용해 배율을 곱한 값이 3,192만 원으로 적게 나와 이를 소득금액으로 선택할 수 있다는 것이 다행이다. 만약 간편장부 대상자가 아니라 복식부기 대상자라면 3.4의 배율을 곱해야 하므로 소득금액은 3,876만 원으로 더 늘어난다.

방법 1)
소득금액 = 수입금액 − 주요경비(매입비용 + 임차료 + 인건비) − (수입금액 × 기준경비율)
= 1억 원 − (1억 원 × 9.7%) = 9,030만 원

방법 2)
소득금액 = {총수입금액 − (총수입금액 × 단순경비율)} × 배율
= {1억 원 − (1억 원 × 88.6%)} × 배율(3.4) = 3,876만 원

기준경비율을 적용하면 가산세 추가

경비를 입증할만한 증빙서류가 없어도 기준경비율에 의해 수입의 일정금액을 경비로 인정받을 수 있다는 것은 어느 정도 다행스러운 일이다. 하지만 장부를 기장하지 않으면 여러 가지 불이익을 감수해야 한다. 실제로 수입보다 지출이 많아도 이를 입증할만한 근거가 없기 때문에 소득세를 납부해야 하는 것은 물론 장부를 기장하지 않은 것에 대해 무기장 가산세(간편장부대상자인 경우 산출세액의 20%)를 물어야 한다. 단 직전연도 수입금액이 4,800만 원 미만이면 무기장 가산세를 내지 않아도 된다.

05
지난해 적자분, 다음해 소득세에서 감면받을 수 있을까?

• • •

인테리어 사업을 하는 백 사장의 사업 첫해는 혹독했다. 사무실 얻고, 인테리어를 하고, 사업에 필요한 기본적인 장비를 갖추는데 1억 원이 들었는데, 매출은 5,000만 원이 전부였다. 사업 첫해라 믿고 맡겨주는 곳이 없어 큰 공사는 못하고 자잘한 작은 공사 서너 개를 하고 끝났기 때문이다.

다행히 사업 2년차에 접어들면서 인테리어를 문의하는 곳들이 많아졌다. 작은 공사여서 남는 게 별로 없어도 최선을 다해 인테리어 공사를 한 결과 고객들의 만족도가 컸고, 그 고객들이 입소문을 내준 덕분이다. 그 결과 사업 둘째 해의 매출은 3억 원으로 대폭 늘었다. 경비를 빼고 소득금액이 1억 원에 달했다.

개인사업자의 경우 경비를 뺀 소득금액이 1억 원이면 상당한 세금을 물어야 한다. 과세표준금액이 1억 원이면 35%의 세율을 적용받는데 억울한 생각이 들었다. 사업 첫해에는 적자가 5,000만 원에 달해 소득세를 내지도 않았지만 적자를 봤다고 혜택을 본 것도 없다. 5,000만 원이면 결코 적은 금액이 아니다. 다만 얼마라도 다음해 소득세를 낼 때 인정을 받으면 소득세 부담이 줄 텐데, 방법이 있을까?

기장을 하면 결손금 공제 가능

사업을 하다 보면 적자가 날 때가 있다. 늘 흑자가 나면 그것만큼 좋은 일이 없겠지만 잘 될 때가 있으면 안 될 때도 있는 법이다. 손실이 난 금액을 '결손금'이라 하는데, 이 결손금은 다음해 소득금액에서 차감할 수 있다. 이를 '결손금 이월 공제'라고 한다.

예를 들어 앞의 사례에서 소개한 백 사장의 경우 사업 첫 해 결손금이 5,000만 원이고, 다음해 총수입이 3억 원, 경비가 2억 원으로 소득금액이 1억 원이었다. 여기에 사업 첫해 결손금 5,000만 원을 차감하면 소득금액이 5,000만 원으로 대폭 준다.

다만 지난해 결손분을 다음해 소득금액에서 공제받으려면 꼭 기장을 해야 한다. 소규모 사업을 하는 개인사업자의 경우 꼼꼼하게 기장을 하기가 어려워 단순경비율이나 기준경비율을 적용해 신고하는 것을 선호한다. 이렇게 하면 일일이 장부를 작성하고 증빙서류를 챙겨놓지 않고 간편하게 소득세 신고를 할 수는 있지만 적자가 났을 경우 적자분을 공제받을 길이 없다.

적자분을 공제받으려면 분명한 근거를 제시할 수 있어야 한다. 따라서 장부를 작성하는 것만으로는 불충분하다. 꼼꼼하게 장부를 작성하는 것은 기본이고, 장부에 기록된 내용이 사실임을 증명할 수 있는 증빙서류를 갖추어야 한다.

결손금이 발생하면 향후 10년 내에 발생한 소득에서 차감할 수 있다. 예를 들어 첫해 결손금이 5,000만 원이었는데, 다음해 소득금액이 1,000

만 원이라면 결손금을 차감하면 여전히 4,000만 원의 결손금이 남는다. 이 결손금은 향후 10년 동안 결손금이 다 없어질 때까지 차감할 수 있다는 얘기다.

올해 난 결손금 소급공제도 가능

지난해 난 결손금을 잘 활용하면 다음해 소득금액에서 차감해 소득세와 법인세를 줄일 수 있다. 거꾸로 올해 적자가 났다면 이를 지난해에 낸 소득세와 법인세에 적용해 일정부분 환급받을 수도 있다. 이를 '결손금 소급공제'라고 하는데, 결손금 소급공제를 받으려면 중소기업이라야 한다. 단 결손금 소급공제는 직전사업에 과세한 법인세 혹은 소득세 한도 내에서만 환급받을 수 있다. 또한 개인기업의 경우에는 사업소득에서 발생한 결손금 부분만 환급받을 수 있음을 주의해야 한다. 결손금 소급공제를 받으려면 법인세나 소득세 신고기한까지 '소급공제법인세액환급신청서(결손금소급공제세액환급 신청서)'를 관할세무서장에게 제출해야 한다.

결손금 소급공제에 의한 환급 신청 세액을 계산하는 방법은 다음과 같다. 아래 두 가지 방법 중 작은 금액을 기준으로 환급받을 수 있다.

방법 1)
직전 사업연도 법인세(소득세) 산출세액 – 공제 또는 감면된 세액

방법 2)
직전 사업연도 법인세(소득세) 산출세액 –{(직전 사업연도 과세표준–소급공제 결손금)×직전 사업연도 세율}

법인 사업자가 올해 적자가 5,000만 원에 달한다고 가정해보자. 지난해에는 과세표준 금액이 1억 2,000만 원이어서 산출세액은 과세표준금액의 10%인 1,200만 원이었다. 여기에 세액공제와 세액감면으로 800만 원을 공제받아 최종적으로 400만 원의 법인세를 납부했다. 이 경우 결손금 소급공제를 받으면 얼마만큼 환급받을 수 있을까?

위에 소개한 방법 1로 계산하면 '1,200만 원(직전 사업연도 법인세 산출세액)-800만 원(공제 또는 감면된 법인 세액)=400만 원'이 나온다. 방법 2로 계산하면 '1,200만 원-{(1억2,000만 원-5,000만 원)×10%}=500만 원'이 나온다. 두 가지 방법 중 방법 1로 계산한 결과가 400만 원으로 더 작으므로 400만 원을 환급 신청할 수 있다.

구분	정의	공제기간	대상
결손금 이월공제	각 사업연도의 결손금을 그 이후 사업연도의 소득에서 공제	향후 10년에서 발생한 소득에서 차감 가능	모든 기업
결손금 소급공제	이전 사업연도에 납부한 세액 중 당기의 결손금에 상당하는 세액을 환급	직전 1사업연도에만 적용 가능	중소기업

(표) 이월공제와 소급공제의 차이

06
동업할 때 소득세를 최소화시키려면?

● ● ●

유 사장은 얼마 전 형제나 다름없는 소중한 친구 두 명과 함께 사업을 시작했다. 세 명 모두 건축학을 전공하고 몇 년 동안 설계 사무소에서 일하면서 실무를 익혔다. 워낙 실력들이 출중했던 친구들이라 한 번 일을 같이 하면 거래처로부터 신임을 받았다. 거래처들 중에는 오래 전부터 독립하면 도와주겠다고 약속한 곳들도 많았다. 그래서 마음 맞는 친구들끼리 모여 회사를 만들었는데 회사를 어떻게 구성할 것인지를 놓고 의견이 분분했다.

"우리가 아무리 친하다 해도 잡음이 일어나지 않으려면 세 명 모두 공동사업자로 등록하는 것이 좋다고 생각해."

"그것도 좋지만 나중에 소득세를 낼 때 절세를 하려면 한 명을 대표로 세우고, 다른 두 명은 직원으로 하는 게 좋다는 얘기가 있던데……, 우리 사이에 누가 대표가 되는 지는 별로 중요하지 않잖아?"

어떻게 하는 것이 절세에 가장 도움이 될까?

혼자보다는 공동사업자로 등록하는 것이 유리

아무리 신뢰하는 사이라도 동업을 하기란 쉽지 않다. 하지만 동업을 했을 때 좋은 점도 많다. 사업에 필요한 자금을 모으기도 쉽고, 마음이 잘 맞고 서로 약속을 잘 지키면 혼자 할 때보다 여러 가지 면에서 시너지 효과를 얻을 수 있다. 무엇보다 동업을 하면 혼자 할 때보다 소득세 면에서 절대적으로 유리하다. 단독명의로 사업자등록을 했을 때와 공동명의로 사업자등록을 했을 때의 소득세를 계산해보면 동업이 소득세를 절세하는데 도움이 된다는 것을 확인할 수 있다. 계산을 쉽게 하기 위해 연 소득금액이 1억 원이라 가정하고 소득공제 등은 감안하지 않고 살펴보자.

● **단독명의로 사업자등록을 했을 때**

우선 갑, 을, 병 세 명이 동업을 하는데 갑 단독명의로 사업자등록을 했을 때의 소득세는 다음과 같다.

> 1,200만 원 × 6% + 3,400만 원 × 15% + 4,200만 원 × 24% + 1,200만 원 × 35% = 2,010만 원

● **공동명의로 사업자등록을 했을 때**

반면 갑, 을, 병이 공동으로 사업자등록을 했을 때는 소득세가 얼마나 나올까? 일반적으로 동업을 할 때 소득금액은 출자비율을 기준으로 계산한다. 여기서는 갑, 을, 병이 각각 40%, 35%, 25% 비율로 출자했다고 가정하자. 출자비율에 따라 소득금액을 계산하면 갑, 을, 병 각각의 소득금액

은 4,000만 원, 3,500만 원, 2,500만 원이 된다.

> 갑의 소득세 : 1,200만 원 × 6% + 2,800만 원 × 15% = 492만 원
> 을의 소득세 : 1,200만 원 × 6% + 2,300만 원 × 15% = 417만 원
> 병의 소득세 : 1,200만 원 × 6% + 1,300만 원 × 15% = 267만 원
>
> **세 명의 소득세 총합** = 1,176만 원

갑 단독으로 사업자등록을 했을 때의 소득세가 2,010만 원인데 비해 세 명이 공동사업자로 등록하면 세 명 모두의 소득세를 합한 금액이 1,176만 원에 불과하다. 단독으로 사업자등록을 했을 때에 비해 소득세가 거의 절반가량이나 줄었다.

이처럼 소득세가 대표가 혼자일 때와 여러 명일 때 큰 차이가 나는 이유는 개인사업자의 소득세는 소득금액이 많을수록 높은 세율을 적용하기 때문이다. 앞의 예에서도 보았듯이 세 명이 공동명의로 사업자등록을 했을 때는 최고 세율이 15%로 끝나지만 단독으로 사업자등록을 했을 때는 최고 35%까지 세율이 높아진다. 따라서 소득세를 줄이려면 공동명의로 사업자등록을 하는 것이 좋다.

가족은 공동명의로 사업자등록 유의

공동명의로 사업자등록을 하면 소득세를 절감할 수 있다. 이 점을 악용해 실제로는 사업과 무관한 가족을 공동사업자로 등록하는 경우가 많다. 하지만 법은 그렇게 만만하지 않다. 가족을 허위로 공동사업자로 등록하면 소득금액을 지분율에 따라 나누지 않고, 소득금액 전체를 지분율이 가장 큰 자의 소득금액으로 간주한다. 형식적으로 지분율을 아빠 50%, 엄마 30%, 아들 20%로 정해놓았다 하더라도 지분율이 가장 큰 아빠의 소득에 엄마와 아들의 소득을 합산해 과세하기 때문에 절세효과를 기대하기 어렵다. 가족을 법률상으로는 '특수관계자'라고 하는데 배우자, 직계존속 및 직계비속과 그 배우자, 형제자매와 그 배우자가 특수관계자에 속한다. 하지만 원칙은 인정되지 않지만 정확한 사실관계가 인정되고 공동사업계약서를 작성한 경우에는 인정할 수 있다.

한 명을 대표로, 다른 동업자를 직원으로 두는 것도 절세방법

동업을 할 때 소득세를 절세할 수 있는 다른 방법은 없을까? 공동명의로 사업자등록을 했을 때보다 더 절세효과가 큰 좋은 방법이 있다. 바로 동업자 중 한 명을 대표로 세우고, 다른 두 명을 직원으로 두는 것이다. 이 방법은 사업장에서 발생한 소득금액을 세 명으로 분산시킬 뿐만 아니라 동시에 직원인 두 명에게는 근로소득공제가 적용되기 때문에 절세효과가 더 크다. 다만 직원을 두면 기본적인 4대 보험을 납부해야 하는 부담이 따른다.

세 명이 공동명의로 사업자등록을 했을 때의 소득세와 비교하기 위해 소득금액은 앞에서와 동일하게 1억 원, 을과 병에게는 각각 연봉으로

3,500만 원과 2,500만 원을 지급했다고 가정하자.

● 대표인 갑의 소득세

총 1억 원 중 을과 병에게 연봉으로 지급한 6,000만 원은 비용으로 인정받을 수 있으므로 갑의 소득금액은 4,000만 원이 된다. 4,000만 원에 대한 소득세는 492만 원이다.

> 갑의 소득세 : 1,200만 원 × 6% + 2800만 원 × 15% = 492만 원

● 직원인 을과 병의 소득세

을과 병의 소득세는 사업자인 갑과는 달리 직원으로 되어 있기 때문에 근로소득 공제를 받을 수 있다. 근로소득공제란 일반근로자를 대상으로 소득금액을 계산할 때 총 급여에서 일정금액을 차감해주는 것으로 총급여금액에 따라 공제받는 금액이 다르다.

총급여액	공제액
500만 원 이하	총급여액 × 70%
500만 원 초과 ~ 1,500만 원 이하	350만 원 + (총급여액 − 500만 원) × 40%
1,500만 원 초과 ~ 4,500만 원 이하	750만 원 + (총급여액 − 1,500만 원) × 15%
4,500만 원 초과 ~ 1억 원 이하	1,200만 원 + (총급여액 − 4,500만 원) × 5%
1억 원 초과	1,475만 원 + (총급여액 − 1억 원) × 2%

(표) 근로소득공제 기준

근로소득공제를 적용해 소득세를 계산하면 을의 소득세는 다음과 같다. 총 3,500만 원 연봉에서 근로소득공제금액 1,050만 원을 빼면 소득금액은 2,450만 원이 되고, 소득세는 259만 5천 원이 된다.

> **을의 근로소득공제금액**: 750만 원 + (총급여액 − 1,500만 원) × 15%
> = 750만 원 + 300만 원 = 1,050만 원
> **을의 소득금액**: 3,500만 원(연봉) − 1,050만 원(근로소득공제액) = 2,450만 원
> **을의 소득세**: 1,200만 원 × 6% + 1,250만 원 × 15% = 259만 5천 원

병의 연봉은 2,500만 원으로 근로소득공제금액은 900만 원으로 소득세는 132만 원이 된다.

> **병의 근로소득공제금액**: 750만 원 + (총급여액 − 1,500만 원) × 15%
> = 750만 원 + 150만 원 = 900만 원
> **병의 소득금액**: 2,500만 원(연봉) − 900만 원(근로소득공제액) = 1,600만 원
> **병의 소득세**: 1,200만 원 × 6% + 400만 원 × 15% = 132만 원

세 명의 소득세를 합한 금액은 492만 원(갑)+259만 5천 원(을)+132만 원(병)=883만 5천 원이다. 공동명의로 사업자등록을 했을 때의 소득세가 1,176만 원이었으니 무려 292만 5천 원이나 절감할 수 있다.

Part 6.
폐업도 전략이다

01
개인사업자 폐업은 어떻게 해야 할까?

...

2년 전 동네에 자그마한 카페를 차렸던 이 사장. 2년 동안 밤낮을 가리지 않고 열심히 일했지만 임대료를 내기도 어려운 지경에 이르렀다. 워낙 카페가 많은 탓도 있지만 그보다는 코로나로 인해 오랜 기간 영업을 제한받은 것이 컸다.

어렵게 연 카페 문을 닫는 건 이 사장으로서도 가슴 아픈 일이다. 하지만 인건비가 부담이 되어 아르바이트생까지 내보내고 혼자서 버텨도 매출이 임대료에도 미치지 못한다. 버틸수록 빚만 느는 형국이다 보니 요즘 진지하게 폐업을 검토 중이다.

오프라인, 온라인 모두에서 가능

개인사업자 폐업은 절차가 그리 복잡하지 않다. 세무서에 직접 찾아가 폐업신고서를 작성한 다음 사업자등록증을 첨부해 제출하면 된다. 혹은 부가가치세확정신고를 할 때 신고서에 폐업연월일 및 폐업사유를 기재하고 사업자등록증을 첨부해 제출하면 별도로 폐업신고서를 작성하지 않아도 폐업 신고를 한 것으로 본다.

요즘에는 세무서에 가지 않고 홈택스에서도 폐업신고를 할 수 있다. 홈택스에서 로그인을 한 후 [신청/제출] 메뉴를 누른고 오른쪽 하단에서 [휴폐업신고]를 클릭하면 된다. 단, 폐업일로부터 12개월이 초과된 경우에는 홈택스에서 신청할 수 없고, 관할 세무서에 직접 방문해 신청해야 한다.

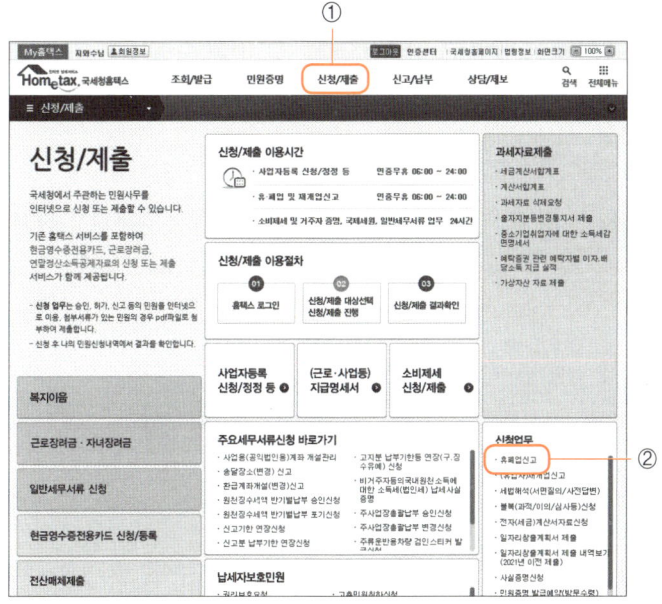

휴폐업신고서에서는 사업자의 인적사항, 폐업 연월일과 사유, 그 밖의 참고사항에 대해 적는 난이 있다. 꼼꼼하게 읽어보고 빠짐없이 적으면 된

다. 또한 신고서에 기입한 폐업일자 이후에는 사업과 관련한 거래가 발생하면 안 되므로 실제적으로 거래가 마무리되는 시점을 잘 체크하여 폐업일자를 적어야 한다. 만약 폐업일자를 명확하게 기재하지 않았다면 폐업신고서를 접수한 날이 폐업일자가 된다.

부가세와 소득세 신고 필수

폐업신고서를 제출했다면 폐업과 관련한 부가세 신고를 해야 한다. 폐업일자를 기준으로 다음달 25일 이내에 폐업할 때까지 거래했던 내용과 잔존하는 재화 등에 대해 부가세 신고를 하는 것이 순서다. 이때 주의할 것은 폐업신고를 신청한 날이 아닌 신고서에 기재한 폐업일자가 기준이 된다는 것이다. 예를 들어 신청은 2월 20일에 했지만 폐업일자를 3월 2일로 했다면 부가세 신고는 3월 2일을 기준으로 다음달 4월 25일까지 하면 된다.

사실 폐업을 고려할 정도면 부가세조차 부담스러울 정도로 형편이 어려울 수 있다. 운영자금이 부족한 상태에서는 세금으로 내야 할 부가세까지도 미리 운영자금으로 당겨쓰는 경우가 비일비재하기 때문이다.

하지만 어렵더라도 부가세는 꼭 내야 한다. 부가세 확정신고를 하지 않으면 매입세액 공제도 받지 못하고, 가산세를 추가로 부담해야 한다.

부가세와 더불어 소득세 확정신고도 꼭 해야 한다. 소득세는 다음해 5월 31일까지 해야 하는데, 소득세 신고를 하지 않으면 적자가 누적돼 폐업을 했음에도 인정받지 못한다. 뿐만 아니라 각종 소득공제나 세액공제를 받지 못해 세 부담이 눈덩이처럼 불어날 수 있으니 조심해야 한다.

02
법인사업자는 폐업절차도 까다롭다고?

● ● ●

한 사장은 10년 지기 친구랑 2년 전에 온라인 쇼핑몰을 차렸다. 개인사업자와 법인 중 어떤 형태로 사업자등록을 할까 고민하다 법인으로 결정했다. 아무래도 법인이 좀 더 투명해 친구와 불협화음이 생길 염려도 적고, 매출이 많아졌을 때 세금 부담도 적다고 들었기 때문이다.

하지만 매출은 기대치에 많이 못 미쳤고, 워낙 경쟁이 치열하다 보니 미래가 불투명하다. 창업 후 1년쯤 고생하면 손익분기점에 도달할 것이라 예상했었는데, 2년이 다 된 지금도 여전히 마이너스이다.

오랜 고민 끝에 폐업을 결정했다. 그런데 폐업 신고만 하면 될 줄 알았는데, 그렇지가 않다. 개인사업자와는 달리 법인은 절차가 복잡하다는데, 이럴 줄 알았으면 개인사업자로 등록할 걸 하는 후회가 들기도 한다. 도대체 어떤 절차를 밟아야 폐업을 할 수 있는 것일까?

폐업과는 별개로 해산과 청산 과정 필요

　일반적으로 법인을 설립하거나 변경하는 데는 약 2주 정도가 걸린다. 더 길어져도 한 달 이내에는 끝나는 경우가 대부분이다. 하지만 폐업은 다르다. 최소 2~3개월은 걸리는 대장정이다.

　우선 법인을 폐업하려면 해산등기부터 해야 한다. 해산은 말 그대로 더 이상 법인을 운영하지 않고 해체되어 없어지는 것을 의미한다. 이처럼 법인이 없어질 예정이라는 것을 알리는 것이 '해산등기'이다.

　해산등기를 하려면 주주총회에서 결의를 해야 한다. 해산에 관련된 여러 사항들을 논의하고 법인 폐업의 모든 과정을 주도할 '청산인'도 선임한다. 주주총회에서 해산결의를 하면 청산인이 이를 알리기 위한 해산등기를 진행한다. 이 과정이 평균 2주에서 한 달 정도 소요된다.

　청산인은 해산 사유가 발생한 날로부터 2주 이내에 해산등기를 신청해야 한다. 이때 청산인 선임등기도 함께 신청하는 것이 좋다. 청산인으로 등록되지 않은 사람이 신청하는 해산등기 신청은 받아들여지지 않기 때문이다.

　해산등기를 마치면 청산을 진행해야 한다. 이 과정 역시 청산인이 하는데, 법인에 남은 금전문제를 청산해야 법인이 완전히 소멸되기 때문에 채무문제, 이익금문제, 배당문제 등을 처리해야 한다. 법인에 채무가 남아있거나 법인의 자본금 및 이익이 남아있으면 청산이 불가능하다.

　청산인은 법인을 청산할 예정임을 채권자에게 알려야 한다. 이를 '청산공고'라고 하는데, 한 달 간 신문공고를 하게 되어 있다. 신문공고도 꼭 등

기부등본에 정해둔 신문사를 이용하는 것이 원칙이다. 청산이 모두 끝나면 결산보고서를 작성해서 주주총회 승인을 받은 후 2주 이내에 청산종결 등기를 신청한다. 이 모든 과정은 보통 약 한달 반 정도 소요된다.

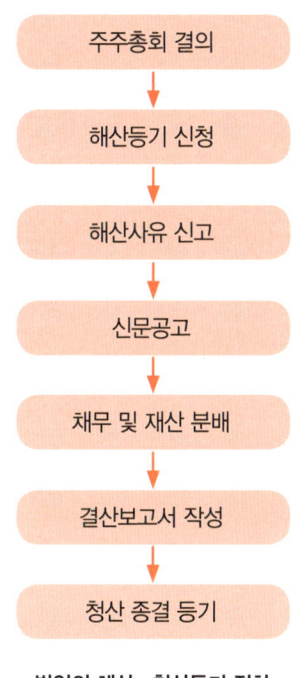

법인의 해산·청산등기 절차

채무청산이 어렵다면 법인 파산도 고려

애써 설립한 법인을 폐업하기로 결정할 정도면 재정상태가 당연히 좋을 수가 없다. 그런 상태에서 채무관계를 깨끗하게 정리하기란 사실상 어려운 일이다. 그런데 법인을 청산해 소멸시키려면 빚이 없어야 한다. 빚이 남아 있으면 폐업 신청을 한 후에도 법인자격은 계속 유지되고 있어 계속 빚 독촉을 받을 수 있다.

그렇다면 어떻게 해야 할까? 도저히 빚을 다 갚을 여력이 없다면 '법인 파산'을 고려해보는 것도 방법이다. 법인 파산이란 여러 가지 이유로 법인이 채무를 이행하기 어렵다고 판단했을 때 법원이 주체가 되어 기업의 재산을 금전으로 환가하고, 이를 채권자의 우선순위와 채권에 따라 공평하게 나눠주는 것을 말한다.

다만 법인 파산은 하고 싶다고 아무나 할 수 있는 것은 아니다. 채무자가 도저히 빚을 갚을 수 없는 상태이거나 부채가 자산의 총액을 초과했을 경우, 그리고 회사 경영이 어렵거나 채무관계가 복잡하다고 판단될 때 법인 파산을 신청할 수 있다.

법인 파산 신청은 채무자뿐만 아니라 채권자 및 채무자에 준하는 자 모두 할 수 있다. 법인의 경우 이사와 무한책임사원이, 주식회사나 유한회사의 경우에는 이사, 청산인, 대표자, 관리자가 신청 가능하다.

03
폐업 후에도 세무조사를 받을 수 있나?

•••

퓨전 음식점을 운영하던 이 사장은 몇 년 전 경영이 악화돼 불가피하게 폐업했다. 그런데 몇 년이 지난 지금 세무서에서 음식점을 할 때 매입했던 계산서에 문제가 있다고 소명하라는 통지문이 왔다. 거래처가 계산서를 발급하고 신고를 안 한 것 같은데, 깜짝 놀라 거래처에 연락을 해보니 거래처 역시 폐업을 해 연락이 안 된다.

이미 폐업을 한 지 오래라 당시 작성했던 장부나 거래를 했다는 것을 증빙할 자료가 없다. 계좌이체를 했으면 통장에 기록이라도 남을 텐데, 주로 현금거래를 했던 곳이라 너무 막막하다. 제대로 소명을 안 하면 세무조사를 받을 수도 있다는데, 이미 폐업했는데도 세무조사가 진행될 수 있는 걸까?

매출누락, 허위 매입 세무조사의 원인이 될 수 있다

　세무조사는 폐업 여부와 상관없이 진행될 수 있다. 세무조사를 받는다는 것은 썩 달가운 일은 아니다. 하물며 폐업을 했는데 세무조사를 받게 되면 더 힘들 수 있다. 물론 사업체를 운영할 때 신고·납부해야 할 세금을 정상적으로 잘 처리했다면 크게 문제될 것은 없다. 하지만 실수로라도 누락했다면 폐업 후 세무조사를 받을 수 있으니 폐업 전에 미리 체크해보는 것이 좋다.

　폐업 후 세무조사를 받게 되는 원인 중 하나가 '매출누락'이다. 소득세나 법인세를 덜 낼 목적으로 매출을 적게 신고했는데, 거래처가 제출한 자료와 맞지 않아 발각되면 세무조사를 받을 수 있다. 매출을 누락했을 경우 과소신고된 경비부분을 개인사업자 혹은 법인 실소유자였던 사람에게 소득변경통지서를 발행한다.

　위의 사례의 주인공인 이 사장처럼 매입에 문제가 생긴 경우도 마찬가지다. 매입에 관한 명세서와 지급근거를 증명하지 못하면 당시 신고했던 매입 계산서가 허위계산서로 간주되어 불공제하거나 소득세가 변경될 수 있으니 최소한 매입에 대한 정황적인 자료라도 준비해 제시해야 한다.

가족이나 친인척에게 소득 분산시켜도 위험

　사업자들 중에는 매출이 늘면 소득세를 적게 내기 위해 근무하지 않는 가족이나 친족을 직원으로 등록시키는 분들이 종종 있다. 우리나라 소득세는 누진세율을 적용하기 때문에 소득이 늘면 그만큼 소득세가 많아진다. 그래서 가족이나 친족에게 소득을 분산시키는 편법을 쓰기도 한다.

하지만 꼬리가 길면 잡힌다. 보통 가족이나 친족을 직원으로 등록할 경우 회사가 4대 보험료를 다 내는데, 이를 포착하면 과세관청은 이런 부분을 전부 사업자 소득으로 간주해 세무조사 시 추가소득세를 징수한다. 따라서 이런 부분들이 있다면 폐업 전에 미리 자진신고해 이후 추가 가산세를 납부하지 않는 것이 현명하다.

접대비와 차량 유지비 한도 초과 유의

법인의 경우 한해 접대비 한도는 1,200만 원(중소기업 3,600만 원)이다. 그런데 이 한도를 초과하였는데도 접대비를 일반 다른 경비로 대체하였다면 초과된 부분에 대해 법인 실소유자에게 소득처분을 하게 된다.

차량유지비도 마찬가지이다. 법인 또는 개인사업자는 영업용 차량을 구입하는 경우가 많은데, 차량유지비로 인정받을 수 있는 한도가 정해져 있다.

간편장부 대상자는 차량유지비가 1천 5백만 원이 넘어도 사업과 관련한 경비는 별도의 운행일지를 작성하지 않고도 비용으로 인정된다.

복식부기 의무자인 경우 차량 한 대 당 차량유지비가 1천 5백만 원이 넘지 않으면 경비로 처리할 수 있다. 하지만 연간 차량유지비가 1천 5백만 원이 넘으면 운행일지를 작성해야 한다. 그렇지 않으면 1천 5백만 원을 초과해 발생한 차량유지비를 경비처리 할 수 없다.

그런데 비용을 늘릴 생각으로 차량유지비를 한도 이상으로 많이 책정해 이익을 줄여 세금을 덜 내면 폐업 후에도 대표자 상여 소득처분을 받을 수 있으니 조심해야 한다.

적격증빙 없는 가지급금도 세무조사 대상

개인사업자의 경우 자금사용에 대한 제약이 거의 없으나 법인은 다르다. 법인은 엄격하게 개인 소유와 법인자금이 분리되어 있어 대표라 하더라도 회사 자금을 마음대로 사용해서는 안 된다. 그런데 어떤 사정에서든 대표가 법인 업무와 상관없이 자금을 사용했지만 용도 및 증빙이 어려운 경우 이를 '가지급금'으로 처리하게 된다. 이 가지급금은 반드시 갚아야 하는데, 이를 갚지 않고 폐업하면 세무조사를 받을 수 있다.

재고정리는 필수

폐업을 할 때 가장 많이 하는 실수 중 하나가 '재고처리'이다. 폐업을 하기 전에 꼭 재무상태표에 남아있는 재고를 정리해야 한다. 그렇지 않으면 대표자가 재고를 개인적으로 사용한 것으로 간주해 폐업 후라도 세무조사를 할 수 있다.

이러한 사실을 모르고 재고에 대해 세금계산서를 발급하지 못하고 폐업을 한 분들이 많다. 만약 폐업을 신청했더라도 폐업신고서에 기재한 폐업일이 지나지 않았다면 걱정하지 않아도 된다. 폐업일 이전까지는 평소처럼 세금계산서를 발행할 수 있기 때문이다.

폐업일이 지났더라도 세금계산서 발행이 아예 불가능한 것은 아니다.

다만 폐업일 이전의 공급분에 대해서만 세금계산서를 발급할 수 있다. 따라서 폐업 전에 재고에 대한 세금계산서를 발행하지 않았다고 해도 너무 걱정하지 않아도 된다.

04
폐업할 때 정부로부터 받을 수 있는 지원은?

• • •

대학가 앞에서 분식집을 운영했던 유 사장은 매출감소를 견디지 못해 폐업을 결정했다. 폐업을 한다는 것도 서러운데, 건물주는 매장을 원상복구하고 나가라고 압력을 넣는다. 거창한 인테리어는 하지 않았지만 그래도 원래대로 복구를 하려면 돈이 꽤 많이 든다. 얼마 남지 않은 보증금을 다 써도 모자랄 판이다.

우울한 나날을 보내던 중 유 사장보다 몇 달 앞서 폐업한 최 사장이 놀러왔다 귀가 솔깃할 이야기를 한다.

"뭘 그렇게 고민해. 정부가 폐업할 때 철거비를 지원해줘. 그거 신청해봐"

소상공인시장진흥공단의 희망리턴패키지

정부에서 운영 중인 폐업 지원 정책은 여러 가지다. 그 중에서 가장 대표적인 정책이 소상공인시장진흥공단(이하 소진공)에서 운영하는 '희망리턴패키지'이다. 이는 폐업했거나 폐업을 계획하고 있는 자영업자를 위한 프로그램으로 단순히 폐업을 지원하는 차원을 넘어 재기를 돕는다.

희망리턴패키지는 사업 정리 컨설팅부터 점포 철거 지원, 법률자문 및 채무조정 등 폐업을 할 때 필요한 내용을 패키지로 지원해준다. 모든 프로그램이 유용하지만 그 중에서도 '점포 철거 지원'이 가장 실속이 있는 것으로 알려져 있다.

매장 크기와 업종에 따라 차이가 있지만 점포를 원상복구하려면 꽤 많은 돈이 든다. 이때 희망리턴패키지의 '점포 철거비 지원'은 큰 도움이 될 수 있다. 점포 철거비 지원은 매장 1평(3.3㎡)당 8만 원을 지원해준다. 이때 평수는 공용 면적을 제외한 실평수 기준이며 최대한도가 250만 원이다(2022년 기준).

지원금은 폐업 예정자뿐 아니라 2018년 1월 1일 이후 폐업자라면 누구나 신청할 수 있다. 다만 매장 운영 기간이 60일 이상인 폐업 예정자 중에서 개인 사업자는 직원이 5인 미만, 제조업은 10인 미만이어야 한다. 본인 소유 매장에서 사업했던 자영업자는 지원을 받을 수 없고, 약국이나 성인용 게임장, 부동산 등 일부 업종 매장 역시 제외된다.

폐업 후 재기를 꿈꾸는 사업자를 위한 프로그램도 있다. 폐업 후 재취업을 하려는 분들에게는 전직장려금을 지원하고, 재창업을 하려는 분들도 지원한다.

전직 장려금은 신청한 사람들에게 취업 전문 교육기관의 현장·온라인 강의를 무료로 들을 수 있게 지원한다. 취업 교육을 수료할 경우 40만 원,

12개월 내에 재취업에 성공해 30일 이상 근무한 이에게는 60만 원을 지급한다. 취업 교육을 받고 재취업을 하면 총 100만 원을 받는 것이다.

재창업 지원은 폐업 후 유망·특화·융복합 분야 재창업을 희망하는 자영업자를 대상으로 한다. 서류 심사를 통해 1,200개 기업을 선정하고 재창업 교육과 전문가 멘토링, 재창업 자금 지원을 해준다. 재창업 자금은 총 사업비의 50%, 최대 2천만 원까지 지원한다.

지자체별 폐업 지원 프로그램

소진공의 희망리턴패키지와는 별도로 지차체 단위로 진행되는 폐업 지원 사업도 있다. 다만 지자체별 폐업 지원 프로그램은 항시적인 것이 아니고, 지원 내용도 달라질 수 있으므로 해당 지자체의 홈페이지에서 정보를 잘 확인해야 한다.

한 예로 서울시에서는 25개 구청과 협의해 폐업지원금을 지원한다. 서울에서 매장을 폐업했고, 코로나19로 집합금지나 영업제한을 받은 사업장이라면 현금으로 50만 원을 지원받을 수 있다. 다만 구청별로 시행일이 조금씩 다를 수 있으므로 사업장이 있는 구청 홈페이지에 접속해 확인해봐야 한다.

폐업 지원금이 아닌 폐업 전반을 컨설팅해주기도 한다. 폐업 신고방법부터 집기 처분, 세무나 법률적 문제까지 상담을 해주기 때문에 도움을 받을 수 있다.

찾아보기

ㄱ

가공 세금계산서 122
가산세 종류 111
가지급금 52
간이과세자 33
간이과세자 부가세 신고 204
간이과세자의 부가세 계산 191
간이과세포기신청 221
간이영수증 85
간편장부 89
간편장부 대상자 79
감가상각자산 137
개인사업자 법인 전환 60
개인사업자 폐업 270
결손금 공제 260
공통매입세액 안분 계산 210
과세사업과 면세사업 부가세 신고 209
구매안전 서비스 확인증 70
권리금 비용처리 147
근로계약서 174
기준경비율 29

ㄴ/ㄷ

내용연수 138
노란우산공제 250
단순경비율 29
대손세액공제 227
동업계약서 55

ㅁ

매입세액공제 44, 193
매입자 발행 세금계산서 112
면세사업자 39
명의개서 대리인 64

ㅂ

법인사업자 폐업 273
법인 설립 48
법인 파산 275
법정 퇴직금 180, 181

복식부기 대상자 79
부가가치세 신고 185
부가세 조기 환급 신청 233
부가세 환급 190
비과세 수당 157

일반과세자 부가세 신고 198
일용근로소득 지급명세서 163

ㅅ

사업소득금액 239
사업용 계좌 102
사업자단위과세제도 218
사업자등록 18
사업자등록 절차 23
사업자등록증 정정 68
사업자등록 필요서류 24
세액공제 246
소득공제 243
소득 종류 237
수정세금계산서 117

ㅈ

재고매입세액공제 223
전자세금계산서 114
접대비 한도액 129
정률법 138
정액법 138
종목 29
주사업장총괄납부제도 217
주휴수당 171
증빙서류 85

ㅇ

아르바이트 4대 보험 169
업종 30
업태 29
역발행 세금계산서 113
영세율 203
원천징수 160
위장 세금계산서 122
의제매입세액공제 212

ㅊ/ㅌ/ㅍ/ㅎ

청산 274
취업규칙 177
통신판매업 신고 69
프리랜서 원천징수 164
해산등기 274
해외구매대행 74
현금영수증 86
휴폐업신고서 271
희망리턴패키지 282
4대 보험 151